高等职业教育"十三五"规划教材
未来五年高等职业教育创新型规划教材

公路施工组织实务

主　编　高　峰
参　编　肖　昆　车广侠　张万臣
　　　　张宝成　朱春凤　宋志伟
主　审　张求书

北京理工大学出版社
BEIJING INSTITUTE OF TECHNOLOGY PRESS

内 容 提 要

本书为《公路工程施工组织》（高峰主编）的配套用书。全书共分六个部分，主要内容包括施工方案制定实务、施工进度计划编制实务、资源供应计划编制实务、施工平面布置实务、技术组织措施编制实务、公路施工组织案例。

本书可作为高等院校和高职高专院校工程造价、工程管理、道路与桥梁工程技术、公路工程试验检测等交通土建类相关专业教学用书，亦可供交通中等职业学校土建及道桥类专业师生选用，或作为公路施工管理人员培训用书及在职人员继续教育和参考用书。

版权专有　侵权必究

图书在版编目(CIP)数据

公路施工组织实务/高峰主编.—北京：北京理工大学出版社，2018.1(2018.2重印)
ISBN 978-7-5682-4994-2

Ⅰ.①公… Ⅱ.①高… Ⅲ.①道路施工－施工组织 Ⅳ.①U415.2

中国版本图书馆CIP数据核字(2017)第285231号

出版发行 / 北京理工大学出版社有限责任公司	
社　　址 / 北京市海淀区中关村南大街5号	
邮　　编 / 100081	
电　　话 / （010）68914775（总编室）	
（010）82562903（教材售后服务热线）	
（010）68948351（其他图书服务热线）	
网　　址 / http://www.bitpress.com.cn	
经　　销 / 全国各地新华书店	
印　　刷 / 北京紫瑞利印刷有限公司	
开　　本 / 787毫米×1092毫米　1/16	
印　　张 / 13	责任编辑 / 杜春英
字　　数 / 304千字	文案编辑 / 杜春英
版　　次 / 2018年1月第1版　2018年2月第2次印刷	责任校对 / 周瑞红
定　　价 / 36.00元	责任印制 / 边心超

图书出现印装质量问题，请拨打售后服务热线，本社负责调换

前　言

《公路施工组织实务》是《公路工程施工组织》（高峰主编）的配套教学用书。本书是为了满足交通高等职业技术教育培养的实用型人才对公路施工组织知识的需求，根据交通部2007年10月1日颁布实施的《公路工程基本建设项目设计文件编制办法》（交公路发〔2007〕358号）、《公路工程预算定额》（JTG/T B06-02—2007）编写的配套教材。

本书在编写过程中力求体现以职业能力为本位，以应用能力为核心，以解决实际问题为目标，紧密联系施工实际，旨在通过实训使学生具备编制指导性公路施工组织文件及实施性公路施工组织文件的能力和技巧，掌握公路施工组织的全过程。

本书共分六部分，第一部分为施工方案制定实务，共编写了四项内容；第二部分为施工进度计划编制实务，共编写了三项内容；第三部分为资源供应计划编制实务，共编写了三项内容；第四部分为施工平面布置实务，共编写了两项内容；第五部分为技术组织措施编制实务，共编写了四项内容；第六部分为公路施工组织案例，共编写了两类案例。本书在编写过程中，结合行业及市场前沿知识及多年在高等职业院校公路施工方面的教学经验，综合考虑目前路桥及造价专业的教学内容体系，以工程项目实际施工过程为任务导向，结合实际工程项目，优化了教材内容。

本书由吉林交通职业技术学院高峰担任主编，吉林交通职业技术学院肖昆、车广侠、张万臣、张宝成、朱春凤和长春恒晟建设工程有限公司宋志伟参与了本书部分章节的编写工作。具体编写分工为：第一部分、第二部分、第三部分及第五部分的实务一和实务二由高峰编写；第四部分由车广侠编写；第五部分的实务三由肖昆编写；第五部分的实务四由张万臣编写；第六部分由宋志伟、张宝成、朱春凤共同编写。全书由吉林交通职业技术学院张求书主审。

鉴于编者水平和经验有限，书中难免存在不足和欠妥之处，恳请读者批评指正。

编　者

目 录

第一部分　施工方案制定实务···1
　　实务一　施工方法确定···1
　　实务二　施工顺序安排···9
　　实务三　施工机械选择···17
　　实务四　流水作业组织···25

第二部分　施工进度计划编制实务···33
　　实务一　横线式施工进度计划编制···33
　　实务二　斜线式施工进度计划编制···45
　　实务三　网络图式施工进度计划编制··57

第三部分　资源供应计划编制实务···67
　　实务一　劳动力需要量计划编制··67
　　实务二　施工机具与设备需要量计划编制···75
　　实务三　材料需要量计划编制···83

第四部分　施工平面布置实务···89
　　实务一　施工总平面布置编制···89
　　实务二　单位工程施工平面布置编制··99

第五部分　技术组织措施编制实务···111
　　实务一　施工质量技术组织措施编制··111

实务二　施工进度技术组织措施编制 ··· 125

实务三　施工安全技术组织措施编制 ··· 133

实务四　施工环保技术组织措施编制 ··· 145

第六部分　公路施工组织案例 ·· 153

案例一　投标前竞标性施工组织案例 ··· 153

案例二　中标后实施性施工组织案例 ··· 173

参考文献 ·· 200

第一部分　施工方案制定实务

实务一

施工方法确定

一、实训目的与要求

（1）明确施工方法选择的原则。
（2）掌握施工方法选择的步骤。
（3）根据不同工程的结构和施工特点，学会选择不同的施工方法。

二、实训方法与步骤

施工方法是施工方案的核心内容，它对工程的实施具有决定性作用。由于在施工过程中可采用的施工方法有多种，而每一种施工方法都有其各自的优点和缺点，施工方法在技术上必须满足保证施工质量、提高劳动生产率、加快施工进度及充分利用施工机械的要求。所以选择施工方法时，应就其技术上的先进性，经济上的合理性，方法上的适用性、可行性等方面综合评价后再选定。

针对主要工程施工项目，应按照以下步骤，围绕施工对象考虑施工方法。

1. 路基工程
（1）路基基底的处理方式。
（2）路基土石方工程量的计算。
（3）路基填筑、压实方法及不同填料类型的施工方法。
（4）路堑开挖方法及放坡要求，是否采用爆破，爆破方法和其所需机具材料及安全措施。
（5）桥涵及其他结构物的台背回填。
（6）防护排水设施结构形式、施工方法及所需设备。
（7）土石方的平衡调配，借方、弃方的运输路线及处理方法等。

2. 基础工程
（1）不良地基的处理方法。
（2）钢筋混凝土基础或砌石基础的技术要点。
（3）桩基础的施工方法，桩基础施工过程中常见问题的处理方法等。

3. 钢筋混凝土结构物浇筑工程
（1）模板类型及安装方法。
（2）隔离剂的使用。

(3) 钢筋加工制作、运输和安装方法。
(4) 混凝土搅拌和运输方法。
(5) 混凝土的浇筑顺序。
(6) 振捣密实方法和养护制度。

4. 预应力工程
(1) 预应力结构物施工的场地。
(2) 预应力钢束的规格。
(3) 预应力施工的时间安排。
(4) 预应力施工过程中的安全问题。

5. 结构物吊装工程
(1) 根据选用的机械设备确定吊装方法。
(2) 安排吊装顺序及施工机械方位布置和行走路线。
(3) 构件的预制及拼装方法。
(4) 构件的运输、装卸及存放要求。
(5) 所需机具、设备型号、数量和对运输道路的要求等。

6. 路面工程
(1) 所选集料、沥青、水泥、添加剂的类型和规格。
(2) 施工路面等级及其施工的允许误差范围。
(3) 混合料的拌和、运输、摊铺的控制,如拌和摊铺的温度要求、压路机碾压方式、运输的路线及距离。

7. 特殊项目
高路堤路堑、大跨度结构物、重型构件、水下施工、深基础、较弱地基等项目,应单独选择施工方法,阐明工艺流程,需要的平面、剖面示意图及施工方法、劳动组织、技术要求、质量、安全注意事项、施工进度、材料、构件和机械设备需用量等。

三、注意事项

(1) 选择施工方法时,必须考虑该方法应具备实现的可能性。
(2) 选择施工方法时,应考虑对工期的影响,即应满足合同工期的要求。
(3) 选择施工方法时,应进行多种可能方案经济比较,力求降低工程成本。
(4) 选择施工方法时,应能够保证施工质量和施工安全。
(5) 选择施工方法时,应尽量采用机械化施工,提高机械化施工水平、加快施工进度。
(6) 选择施工方法时,应保证技术上的先进性和可行性,但要注意先进性与经济性、可行性相结合。

在现代化的施工条件下,施工方法的确定一般与施工机械、机具的选择和配备有直接的关系,甚至有时会成为主要问题。如桥梁基础工程施工,仅钻孔灌注桩就有多种施工机械可供选择,可选择潜孔钻机、冲击式钻机、冲抓式钻机或旋转式钻机。钻机一旦确定,施工方法也就确定了。扩大开挖基础,可以人力开挖,也可以机械开挖。选择人力开挖还是机械开挖必须考虑上述 6 个方面。假如没有机械或机械数量不足,人力施工能满足施工的需要,地下水又不甚丰富且不是控制工程,那么选择人力施工比较适合。如果有反铲挖掘机,当然用机械施工省力又省工,施工进度也快。

四、实训范例

（一）工程概述

1. 概述

镇赉至嘎什根二级公路位于吉林省的西北部地区，起于白城市镇赉县镇赉镇，止于镇赉县与黑龙江省泰来县交界处。该公路是通往黑龙江省泰来县的必经之路，是白城市公路路网规划中的一条主要公路，是镇赉县东部沿江经济区的重要纽带，也是黑、吉二省西部经济发展的重要运输通道。

镇赉至嘎什根公路全长 76.330 338 km。本路段全长 2.8 km，起点桩号为 K42+700，终点桩号为 K45+500。

2. 设计标准

（1）该路线等级为二级公路，全部为旧路改建工程，设计速度为 80 km/h，路基宽为 12 m，路面宽为 10.5 m，土路肩为 2×0.75 m。

（2）路面面层采用 4 cm 中粒式沥青混凝土（DAC-16），6 cm 粗粒式沥青混凝土（DAC-25），基层采用 25 cm 水泥稳定碎石，底基层采用 35 cm 石灰土。

3. 合同工期

工期要求：2009 年 5 月 1 日—2009 年 10 月 15 日（路面工程除外）。

4. 主要工程量

本段路基土方工程量为 35 433.1 m^3，其中路基挖方为 1 473.66 m^3，借土填方为 26 217.7 m^3。

（二）路基土石方工程项目施工方案和施工方法

1. 路基土石方工程施工方案

（1）概述。本段路基土石方工程包括：挖土方 1 473.66 m^3，填土方 35 433.1 m^3，设一个施工作业组。

（2）主要机械人员配备。380 hp[①] 推土机 1 台，220 hp 推土机 1 台，120 hp 推土机 2 台，PY180 平地机 1 台，1 m^3 单斗挖掘机 1 台，2 m^3 单斗挖掘机 4 台，12~15 t 光轮压路机 6 台，18~21 t 光轮压路机 4 台，25 t 振动压路机 2 台，50 t 拖式振动压路机 1 台，ZL50 装载机 4 台，13.5 t 自卸汽车 25 台，6 000 L 洒水车 2 台，水泵 2 台。道路工程师 1 人，技术员 2 人，工长 2 人，测量员 4 人，试验员 3 人，质检员 2 人，力工 80 人。

2. 路基土石方工程施工方法

1) 施工准备

（1）定线复测。根据设计给定的导线点坐标及高程进行闭合复测，增设水准点，按 20 m 整桩号恢复路线中心控制点，设立中心桩，桩面用红油漆写明桩号。重新进行路基横断面的测量与绘制，放出路基坡脚、边沟位置及占地界。

（2）挖沟筑梗。在占地边界内距坡脚 2~3 m 或设计排水沟处开挖排水沟，并接通出水口，挖沟土方置于边界线上筑成土梗，以拦截路基范围外地表水渗入路基及避免与当地居

[①] 1 hp=735.499 W。

民因占地问题发生纠纷。

2）填前处理

（1）一般填方处理。先清除地表的农作物根基，加宽路段，填前清除表土厚度15 cm，树根等杂物用推土机推平，然后用平地机整型刮平3%的起拱断面，先用推土机排压，再用25 t振动压路机及12~15 t光轮压路机碾压至要求的压实度。

（2）挖方利用段地表清理。首先砍伐施工范围内的树木、灌木，然后用220 hp推土机将树根地表土等不适宜材料剥离。挖方利用段将剥离的腐植土弃于指定地点或堆于路基外，以备绿化用。

3）填方路基的施工

（1）试验路段。在进行全路段填筑前，先做铺筑长度不小于100 m的试验路段，通过试验确定机械组合、人员配额、不同填料的松铺厚度、碾压遍数等，以此作为路基填筑的依据。

（2）填土路基。

①分层填筑：填方路基挂线分层填筑，分层厚度根据试验路段确定的数据严格控制，为确保路堤宽度范围内的压实度，路基填筑采用宽填削坡方法施工，每侧超出路基的设计宽度不小于30 cm，以保证修整路基边坡后的路基边缘有足够的压实度，不同土质的填料分层填筑，并尽量减少层数，每种填料总厚度不小于50 cm，土方路基填筑至路床顶面最后一层的压实厚度不小于10 cm。路基顶面以下30 cm内填筑材料按设计要求填筑。

填方作业面长度不小于300 m，尽量减少纵向施工楼。两个相邻段交接处不在同一时间填筑，则先填段应按1:1坡度分层留台阶；如两段同时施工，则分层相互交叠衔接，其搭接长度不得小于1.5 m。

②摊铺整平：先用推土机进行初平，再用平地机进行终平，控制层面平整、均匀。摊铺时层面做成向两侧倾斜4%的横向排水坡，以利于路基顶面排水。

③机械碾压：当填料含水量在最佳含水量±2%范围内时碾压。路基碾压按先轻后重、先慢后快、直线段由边部向中间、曲线段由内侧向外侧的顺序碾压，碾压时光轮重叠1/2轮迹，振动重叠30 cm轮迹。相邻两区段纵向重叠2 m，压实作业做到无偏压、无死角，碾压均匀。每层碾压完毕，经试验检测各项指标达到设计要求时，方可进行下一层填筑。

（3）填石路基。

①材料选择：填料按规定要求进行鉴别试验，严重风化的软岩不能用于路基的填筑，容易风化的软石不能用于路基表层，更不能用于路基浸水部分。

②填筑：石方路基分层厚度不大于50 cm，石块最大粒径不得超过压实厚度的2/3。填筑时安排好运行路线，派专业人员指挥卸料，水平分层，先低后高，先两侧后中央。

③摊铺平整：卸下的石质填料，用220 hp推土机整平使岩块之间无明显的高度差。大石块要解小，以保证碾压密实，整平要均匀；若有不平之处，用人工铺细料找平。石块含量大于70%时，将石块大面向下，小面向上，分开摆平放稳。

④机械碾压：石方铺筑完成后，采用50 t拖式振动压路机碾压2~3遍，然后用18~21 t光轮压路机碾压2~3遍至无轮迹。碾压时先压两侧后压中央，行与行之间重叠0.5 m，前后相邻区段重叠2 m左右，以保证碾压密实。

（4）重点部位处理措施。

①半填半挖路基及原地面陡坡路基施工：半填半挖路基或地面自然横坡或纵坡陡于1:

5时，将原地面挖成台阶，台阶宽度满足摊铺和压实设备操作的需要，且不小于2 m，台阶顶面做成3%的内倾斜坡；如果是砂类土则不挖台阶，将原地面以下20~30 cm的表土翻松。

②旧路帮宽：帮宽段先处理好底层，清除淤泥、表土等不适宜材料，并沿旧路边坡挖成向内倾斜的台阶，台阶宽度不小于2 m，向内倾斜度为3%，填料选用透水性较好的材料。

③零填零挖段路基：零填零挖段土方的各项指标要满足规范要求的设计标准，碾压前用推土机大面积推平；严禁小面积找平，压实度要达到95%；如不符合要求，翻晒后再压实，以确保压实度达到规定的要求。

(5) 路基整修。路基分层填筑时，当接近设计标高时，必须加强高程测量检查，以保证完工后的路基顶面的宽度、高程、平整度及拱度，边坡符合规范和设计要求。表面如需补填，且补填厚度小于10 cm，要将压实层翻挖10 cm以上，再补填同类料整平压实。路基加宽部分在整修阶段，要人工挂线清刷夯拍。路基经过整修后，要达到路基检查验收标准，做到肩棱明显，路拱、坡面符合设计要求。

(6) 试验检测。路堤每层填筑压实后，及时进行检测，每层填土检测合格，并经监理工程师认可后，才能进行上层路堤填筑。

试验人员在取样或测试前先检查填料是否符合要求，碾压区段是否压实均匀，填料层厚是否超过规定厚度。

细料土压实度检测距路床顶30 cm以下采用核子密度仪法，并在检测前与灌砂法做对比试验。路基顶层检验采用灌砂法，石方路基以碾压无轮迹作为压实度控制指标。

4) 挖方路基施工方法

(1) 施工准备。

①通过对土石的工程分级与类别按规范要求进行鉴定，采用机具开挖的施工方法。

②测量出路堑的边线、中线，在路堑顶两侧每5 m设一固定桩，并在施工中随时检查开挖坡度，严防超挖、欠挖。

(2) 排水。

①路堑施工开挖前要做好堑顶截水、排水及堑底排水工作，并在施工中随时注意检查。

②施工期间修建临时排水设施，并与永久性排水设施相结合，将水及时排出，避免对路基产生危害，注意不得将水排入农田。施工时要确保排水畅通，杜绝淤积和冲刷。

(3) 开挖的基本要求。

①土方开挖时，将适用于种植草皮和其他用途的表土储存于指定地点。

②开挖土石均应自上而下进行，不得乱挖超挖，严禁掏底开挖。

③开挖石方时，对于软石和强风化岩石，能用机械直接开挖的均选用机械开挖，人工配合，本标段专门配备380 hp推土机作为石方开挖及攒集石料所用。

④施工时要保证路堑坡面平顺，无明显的局部高低差，无凸悬危石、浮石、碴堆、杂物。

⑤土质路堑及软质岩石路堑开挖时，两边边坡预留20 cm，底部预留20 cm，开挖至预留层时停止机械开挖，待进行路基路床施工时，集中力量进行开挖。

⑥路堑开挖方式根据地形情况、岩层产状、路堑断面及其长度并结合土石方调配情况来确定。平缓地面上短而浅的土石路堑采用全断面开挖；平缓横坡上一般土石路堑采用横

向台阶开挖；土、石质傍山路堑采用纵向台阶开挖，边坡较高时要分层开挖。

5）取土场

取土场设在 K44+100～200 右侧，占地 2 500 m²。

五、上交资料

每人上交实训报告一份。

实 训 报 告

日期：　　　　班级：　　　　组别：　　　　姓名：　　　　学号：

实训任务	路基土石方工程施工方法的确定	成绩	
实训目的			
实训内容	背景材料： 1. 工程结构、规模 　　肇源至松原一级公路是国道203线明（水）沈（阳）公路的一部分，该项目起于黑龙江省肇源县境内，跨越松花江后止于吉林省松原市境内。本标段起点里程为K5+600，终点里程K8+600，路线长3 000 m，位于松原市风华镇境内。路基长2 412.5 m，宽25.5 m；平均填土高度为9 m；路基横坡为2%；一般路堤边坡坡度为1∶1.5。 2. 路基土石方工程数量 　　(1) 清理场地。清理表土14 002 m^3。 　　(2) 填方。借土填方：主线素土填方为829 903 m^3，改河、改路、改渠素土填方为4 263 m^3，5%石灰土填筑27 072 m^3，掺石灰2 707 t。 　　(3) 特殊路基处理。粗砂垫层为16 417 m^3；台背填砂砾为3 765 m^3。 3. 主要资源配置 　　220 hp推土机1台，140 hp推土机2台，1.0 m^3挖掘机6台，ZL50装载机3台，平地机2台，25 t振动压路机2台，30 t振动压路机2台，18~21 t光轮压路机6台，50 t拖式振动压路机1台，12 t自卸汽车40台，稳定土拌合机1台，洒水车1台。 　　本标段设3个施工作业队，每个作业队配备队长1人，技术员1人，质检员1人，试验员2人，测量员2人，劳动力40人。 4. 路基土石方工程施工顺序 　　根据本工程的特点和技术复杂程度，本路段路基土石方工程施工顺序制定如下： 　　(1) 素土填筑。测量放样→表土清除→原地面翻晒、整平、碾压→压实度检测→打格卸土→翻晒→含水量检测→推土机粗平→平地机精平→碾压→压实度检测。 　　(2) 灰土填筑。测量放样→表土清除→原地面翻晒、整平、碾压→压实度检测→取土场就地取土降水→掺入白灰、闷料→翻拌→打格卸土→推土机粗平→翻晒→含水量、灰剂量检测→推土机粗平→平地机精平→碾压→压实度检测。 　　问题：根据以上所给资料，制定该路基土石方工程施工方法。		

续表

实训内容	
实训总结	

实务二

施工顺序安排

一、实训目的与要求

(1) 明确施工顺序安排的原则。
(2) 领会施工顺序安排的方法与步骤。
(3) 根据不同工程的施工规律、工艺及操作要求,学会安排不同工程的施工顺序。

二、实训方法与步骤

施工顺序是指一个单位工程中各分部工程、专业工程或施工阶段的先后施工关系及其制约关系。安排好一个施工项目的施工顺序,要考虑多方面的因素,由于每个具体的工程项目不同,不可能有统一的模式,要进行具体的分析,根据施工规律、工艺及操作要求来确定施工顺序,不同专业工程有不同的施工顺序。

各种不同的施工项目(铁路、公路、市政、房建施工项目等)的施工有其共同点,不论是施工准备还是正式施工都有比较合理的施工顺序。只有按照这种合理的施工顺序施工,才能保证现场秩序,避免混乱,实现文明施工,取得好快省又安全的效果。

单位工程的施工顺序一般应遵循"先地下、后地上,先主体、后局部,先结构、后附属工程"的次序。但是,对于某些特殊工程或随着道桥工程新结构和新技术的发展,施工顺序可能会不同于一般规律。

一般工程的施工顺序应按照下面的方法与步骤进行。

1. 先场外、后场内,场外由远而近

在对桥梁工程施工时,对于与场内外有联系的一些工程,如路基工程、涵洞工程等,其施工应从场外开始,然后逐步向场内延伸。这样,完工一部分就有一部分可以利用,对施工就极其方便。正确的施工顺序,是使修建桥梁所需的材料、机械及设备等可以直接通过干道运抵施工地点,随着道路向场内延伸,修建好的部分道路即可加以利用,从而保证桥梁施工现场所需材料及机械设备的顺利供应,既能充分发挥新建工程的效益,又能经济地解决运输问题,争取施工的时间。

2. 先全场、后单项,全场从整平土方开始

先全场、后单项是指应该先完成全场性的工程,再完成各独立的建筑物和构筑物。所谓全场性工程,是指对于许多工程的施工或与使用者有关的、其作业面遍及整个施工现场的那些公用工程,如场地平整,各种管道、电缆线的主干,场内的临时便道及临时便桥等。

3. 先地下、后地上，统筹考虑各分部分项工程之间的关系

所谓先地下、后地上，就是说在施工时应先完成零点标高以下的工程，再完成零点标高以上的部分，这是任何工程的施工都必须严格遵循的重要原则。从整个施工现场来看，零点标高以下的工程，大致包括的工作有地基处理、基础施工、铺设地下管网等。

在一个单位工程项目中，任何分部分项工程同它相邻的分部分项工程的施工总有先有后，有些是由于施工工艺的要求而固定不变，也有些不受工艺的限制，有灵活性。如桥梁工程施工，任何一个桥台、桥墩的施工，总是先基础后台、墩身，最后是架梁，这是任何桥梁工程都必须遵守的不变施工顺序。但是，各桥台与桥墩之间，桥墩与桥墩之间，都不存在哪个先施工、哪个后施工的施工顺序。一个项目的各单位工程施工也存在合理施工顺序的问题，如公路工程中路基土方采用机械化施工，路基中有桥梁工程，首先要安排小桥涵工程在施工机械到达之前完工，并达到承载强度，为机械化施工创造条件，否则要预留路基缺口；若人工施工土方工程，小桥涵可与土方工程搭接作业。又如地基处理没做完，基础就不能施工；基础未做完，上部结构就不能进行；钢筋混凝土预制构件必须达到一定强度后，才能进行搬运和起吊。

4. 管线及管道工程先主干、后分支，排水先下游，其他先源头

管线道路中的先主干、后分支的施工顺序，能使完成部分的工程得以迅速发挥作用。如果先进行分支、管线道路的施工，由于这些管线道路没有与干管、干线和干道接通，也就不能发挥工程的效益，上水道不能供水，下水道的水仍然排不出去，煤气、蒸汽、电力也没有来源，道路也不能充分利用。管线道路工程的施工必须首先完成主干，道路也就从与附近干道连接处逐渐通向场内。

上面所讲的这些原则，一般是不允许打乱的，打乱了就会造成混乱，就可能损害工程质量，就必然会增加施工费用，形成浪费，延误工期。当然，遵循上述施工顺序也并不是完全机械的。首先，由于施工条件不同，在特殊情况下变动上述某一施工顺序也可能是必要的和合理的。例如，在填土的地段，就可以先铺管道。其次，遵循上述顺序并不意味着必须先施工的工程全部完工以后才能进行后施工的工程，先后施工工程之间的交叉和穿插作业是可以进行的，甚至是必要的。这里重要的是要掌握一个合理的交叉搭接界限。这种合理的交叉搭接界限也是因条件不同而互异的。一般的原则是后一环节的工作必须在前一环节提供了必要的工作条件后才能开始，而后一环节工作的开始既不应该影响前一环节工作，也不应该影响本身工作和后续工作的连续与顺利进行。

三、注意事项

施工顺序的安排是施工方案中的重要内容之一。路桥工程点多、线长、结构各异、自然条件复杂等特点决定了安排一个项目的施工顺序要考虑多方面的影响因素，要根据技术规律、工程特点、工艺及操作要求等来安排施工顺序。在安排施工顺序时，应注意以下几点：

（1）依据合同约定施工顺序的安排，如重点工程、难点工程以及对后续影响较大的工程应优先安排开工。

（2）对工期起控制作用（即位于网络计划关键线路上）的工程应优先安排施工。

(3) 应按施工技术、施工规范与操作规程的要求确定施工顺序。

(4) 应按施工项目整体的施工组织与管理的要求确定施工顺序。

(5) 应结合施工机械情况和施工现场的实际情况确定施工顺序。

(6) 应依据施工项目的地质、水文及本地气候变化对施工项目的影响程度确定施工顺序。

(7) 确定的施工顺序应符合施工工艺过程的要求。

(8) 要体现施工过程组织的连续性、协调性、均衡性及经济性。

(9) 确定的施工顺序应符合安全生产的要求。

(10) 安排的施工顺序应符合工程质量的要求。

(11) 应依据本地资源和外购资源状况确定施工顺序。

(12) 安排施工顺序时应考虑经济和节约的需要,降低工程成本。

四、实训范例

(一)工程概况

1. 概述

横龙山(南)隧道工程起止桩号为 K0+840～K2+240,其中左线 K0+840～K1+040 和右线 K0+840～K1+100 为道路工程。横龙山(南)隧道为上下行双向六车道隧道,行车道中线间距 52.25 m,左线隧道 K1+040～K2+240,全长 1 200 m,右线隧道 K1+100～K2+240,全长 1 140 m,其主要技术指标见表 1-1。

表 1-1 主要技术指标

项目		横龙山(南)隧道工程	
隧道里程桩号		左线(K1+040～K2+240)	右线(K1+100～K2+240)
道路里程桩号		左线(K0+840～K1+040)	右线(K0+840～K1+100)
公路等级		城市快速路	
路线长度/km		1.4(隧道 1.2)	1.4(隧道 1.14)
计算行车速度/(km·h^{-1})		60	
隧道建筑限界	分离式隧道	14.25 m×5.5 m	
设计荷载		城—A 级	
地震基本烈度		Ⅶ度区	
衬砌结构形式		复合衬砌	
业主要求工期		2005.8.1—2007.7.31	

2. 主要工程项目及工程数量

隧道主要工程项目及工程数量见表 1-2。

表 1-2 主要工程项目及工程数量

序号	工程项目	单位	数量	备注
一	隧道工程			
1	隧道全长	m/座	2 340/2	
2	洞身开挖	m³	376 100	
3	喷混凝土	m³	30 144	
4	锚杆	t	280	
5	混凝土	m³	88 200	
6	防水层	m²	64 529	
7	喷涂	m²	58 939	
8	装饰板墙面	m²	19 930	
9	隧道机电设备（电气）	项	1	
10	主变电所	项	1	
11	隧道内管线（电缆沟等）	项	1	表中所列数量，依据招标文件工程数量清单统计得出。均为左线隧道和右线隧道合计数
二	道路工程			
1	路基全长	m	460	
2	路基挖土方	m³	109 300	
3	路基挖石方	m³	46 850	
4	路基挖淤泥	m³	1 000	
5	路基水泥稳定层	m²	9 000	
6	道路排水边沟	m	1 033	
7	人行道板	m²	575	
8	移树	棵	375	
三	管线工程			
1	高位水池	200 m³/座	1	
2	2.2×2.2箱涵	m	400	
3	雨水管	m	101	
4	给水管	m	883	
5	沟槽土石方	m³	9 700	
6	电缆沟	m	192	

3. 工程特点

（1）工期紧迫。横龙山（南）隧道工程是全线如期竣工的关键工程，调遣精锐队伍、上足精良设备、施工精心组织，确保按期完工。

（2）地质复杂。隧道出口区域为第四系坡残积层及不同风化程度花岗岩，岩体结构为碎块状镶嵌结构或松散结构，滴水或渗水为主，围岩开挖后易塌方。在K2+000～K2+240处有两条断层破碎带穿过隧道，隧道开挖后岩体易风化剥落，影响洞身稳定。右线隧道在K2+110～K2+133处有23 m明洞，断层和隧道中间明洞施工是本标段的难点。

（3）技术要求高。本隧道总体设计要求高，三车道断面开挖难度大、技术复杂，利用澳特板、铁必定等新材料、新工艺，加上工期较紧，实际施工中将面临许多技术性的课题，如地质预报及评价准确度，监测技术反馈指导施工中优化设计与施工工艺，特殊地质条件下保证结构安全，以及工期、质量、安全的协调统一等问题。

(二) 总体施工工序和各分项工程施工顺序

1. 总体施工工序

本合同段分项工程有路基土石方、边坡防护工程、道路结构层、明洞洞口仰坡工程、隧道洞身开挖、初期支护、隧道防水、二次衬砌、隧道机电设备安装、主配电所、给水排水工程等。

为了使隧道洞口路堑早日拉通，给隧道进洞创造条件，施工准备阶段即完成第一期临时道路和临时 D500 排水管的修筑，以便施工机械设备及材料及时进场，并且在施工临时道路时利用路基土石方开挖回填原山沟。随即进行隧道明洞施工。洞口边、仰坡加固完善，洞口排水做好后，正式进洞开挖，由于洞口段地质为风化花岗岩，拱顶易坍塌，侧壁易失稳，待暗洞掘进前，进行洞口仰坡锚喷支护和明洞洞身衬砌。隧道洞身衬砌全部完成后，洞内路面混凝土由内向外展开施工，边沟、电缆槽紧跟其后。最后施工洞门，按设计要求，洞门施工避开雨季，拟安排在 11—12 月份施工。洞内装修在洞内机电、照明设备安装完成 15 天后开始施工。洞外路面混凝土工程在洞内路面混凝土工程完成后连续施工。

为确保工期，左右线隧道同时开工（保证设计左右线隧道相隔距离满足爆破安全要求）。隧道总体施工顺序如图 1-1 所示。

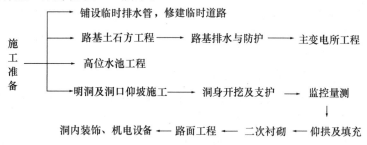

图 1-1　隧道总体施工顺序

2. 各分项工程施工顺序

1）路基土石方施工顺序

本标段路基全长 460 m，隧道进口长 260 m，出口长 200 m，安排道路施工队分侧施工，路基施工时将按以下顺序进行：

施工准备→截水沟施工→路堤基底处理→路堑土石方开挖→路堤分层填筑碾压→路基排水与防护。

2）排水箱涵工程施工顺序

本标段共有排水箱涵 330.95 m，箱涵 160 m，排水渠 170.95 m。

（1）雨水箱涵施工顺序。雨水箱涵施工顺序如图 1-2 所示。

图 1-2　雨水箱涵施工顺序

(2)浆砌排水渠施工顺序。排水渠定位→基础开挖→基底处理→基础砌筑→墙身砌筑→墙背回填→其他附属工程。

3)路基排水工程施工顺序

基槽开挖→砂砾垫层→浆砌片石防护→勾缝→养生。

4)隧道工程施工顺序

(1)洞口及明洞工程施工顺序。洞口及明洞土石方开挖→洞顶截水沟→边、仰坡锚喷支护→混凝土衬砌→防水层→回填→隔水层。

(2)洞门施工顺序。洞门挖基→洞门墙施工(含帽石)→边沟、截水沟。

(3)隧道开挖、支护作业施工顺序。

①Ⅱ类浅进埋围岩、断层地段开挖、支护作业施工顺序为:

超前地质预报→小导管预注浆超前支护(或D108大管棚注浆超前支护)→双侧壁导坑开挖→临时钢支撑→锚、喷、网、钢格栅联合支护→监控量测→开挖中洞核心土→拱部锚、喷、网、钢格栅联合支护→拆除临时钢支撑→持续监控量测。

②Ⅲ类围岩开挖、支护作业施工顺序为:

超前地质预报→上部断面台阶法开挖→锚、喷、网、钢格栅联合支护→监控量测→出碴→下部开挖→出碴→锚、喷、网、钢格栅联合支护→持续监控量测。

③Ⅳ类、Ⅴ类围岩开挖、支护作业施工顺序为:

超前地质预报→钻爆设计→布眼→钻孔→清孔→装药→联结起爆网络→起爆→排风降尘→清危→爆破效果检查→出碴→锚杆、挂网、喷混凝土支护→监控量测。

(4)隧道衬砌施工顺序。

①Ⅱ类、Ⅲ类围岩有仰拱断面施工顺序为:

仰拱开挖→仰拱初期支护→仰拱混凝土施工→隧底填充→墙基以上衬砌断面施工→电缆槽、水沟施工。

②Ⅳ类、Ⅴ类围岩无仰拱断面施工顺序为:

衬砌台车就位→防水层施工→安装模板→浇筑混凝土→拆模→养生。

5)洞内路面施工顺序

现场清理→C30混凝土路面铺底层施工→养生。

6)洞外路面施工顺序

4%水泥稳定级配碎石底基层施工→6%水泥稳定级配碎石基层施工→沥青混凝土面层施工→养生。

五、上交资料

每人上交实训报告一份。

实 训 报 告

日期：　　　　班级：　　　　组别：　　　　姓名：　　　　学号：

实训任务	桥梁工程施工顺序的安排	成绩	
实训目的			
实训内容	背景材料： 一、工程概况 　　白草口Ⅲ号大桥位于山西省代县境内，本桥起止里程为K105+357.5～K105+662.241（右线为K105+662.759），桥位所处原地面起伏较大，对于开展施工不利。本桥设计形式及主要工程数量如下： 　　（1）基础：钻孔灌注桩，φ150，共80根，钢筋混凝土承台，混凝土1 613 m³。 　　（2）桥墩：薄壁空心墩，共18个墩，最高墩达34.8 m，C30混凝土4 272 m³。 　　（3）桥台：肋板式桥台，C30混凝土172.6 m³。 　　（4）上部：预制架设先简支后连续T梁，共100片，预制C50混凝土2 502 m³，现浇C50混凝土610 m³。 二、总体施工方案 1．基础施工 　　由大桥一队负责施工，采用BRM－4型旋转钻机进行钻孔灌注桩施工，灌注水下混凝土成桩，鉴于桥位处地形复杂，需要向桥墩位置修建一些便道。混凝土由拌合站集中拌和，混凝土输送泵输送混凝土到位。 2．桥墩施工 　　由大桥二队负责施工，采用提升滑动模板进行施工，现场采用6套滑动模板进行，混凝土采用拌合站集中拌和，混凝土输送泵或混凝土搅拌运输车运输，较高的几个桥墩采用塔式起重机和工业电梯进行垂直运输。 3．T梁预制 　　由第一制梁厂负责，利用K105+674.361～K105+816.500段路基作为制梁厂，由于该段位置较为狭小，为了有效节约用地，该段路基只布置制梁台座、存梁台座和钢筋骨架绑扎台座，其人员驻地、钢筋加工等均布置在山脚下。钢筋由山脚下经初步加工后，运送到制梁厂绑扎钢筋骨架，再灌注梁体混凝土。 4．T梁架设 　　采用架桥机架设T梁。为了有效利用制梁厂的位置，并按照设计要求，预制成型的T梁将立即进行架设，所有T梁均边预制边架设，以利于存量场地的循环使用。 　　问题：根据以上所给资料，制定白草口Ⅲ号大桥各分项工程施工顺序。		

续表

实训内容	
实训总结	

实务三

施工机械选择

一、实训目的与要求

(1) 明确施工机械选择的原则。
(2) 掌握施工机械选择的步骤。
(3) 根据不同工程的结构和施工特点,学会选择不同的施工机械的方法。

二、实训方法与步骤

(一) 施工机械选择的方法

选择施工机械应根据机械的技术性能,结合施工方案的要求以及招标文件中有关技术规范、质量和进度的要求,针对施工项目的施工条件和实际情况,按照下面的步骤进行机械的合理选择。

1. 按作业内容选择施工机械

为了降低劳动强度,尽量使分部分项工程所包含的每一项作业都有相应的机械完成。一般根据机械的使用性能和分部分项工程的具体作业内容选择施工机械。

实践证明,通常中小型项目选择通用性较好的机械比较经济合理,大型项目要结合施工方案并针对具体作业内容慎重选择主导机械及配套机械,才能获得较好的经济效益。

2. 按土质条件选择施工机械

土石是机械施工的主要对象,其性质和状态直接影响施工机械作业的工效及成本等,因此,土质条件是选择机械的一个重要依据。

1) 按机械通行性选择施工机械

施工现场的便道、地形、土质及行驶质量状况对施工机械的作业效率影响较大,有时需要根据机械通行性选择施工机械。如地面潮湿、泥泞时,一般选用履带式机械;否则,可根据需要选择轮胎式。

2) 按土的工程类别及特性选择施工机械

土的类别及软硬程度不仅对机械的通行性有影响,而且也左右着机械进行各种施工作业的可能性和难易程度。土的工程特性不同,施工时选择的机械也应不同。

3. 根据运距选择施工机械

根据运距选择机械主要是针对铲运机械而言,考虑土的性质与状态,结合现场施工条件进行选择。经济运距在 100~500 m 范围内时,选择拖式铲运机;经济运距在 300~1 500 m 范围内时,选择自行式铲运机。

4. 根据气象及气候特征选择施工机械

气象条件也是影响机械施工的因素之一，如雨期、冬期施工时，将会导致施工机械的作业效率下降；如不停工，更应注意选择机械的特殊性。

如雨或积雪融化会直接影响土的状态，使施工现场的机械通行性下降，影响作业效率。为此在雨期施工时，如不停工，就不得不考虑用效率差的履带式机械代替干燥条件下效率较高的轮胎式机械进行作业。

冬期施工选择机械时，首先应考虑施工机械的技术性能可否达到规定的技术和标准要求；其次应选择适应于解破冻土和粉碎冻土的专用施工机械配合主导机械作业，如使用松土器、冻土犁松土、羊足碾碾压等。

有时也根据季节特征选择施工机械，如少水河流在汛期预计流量增大时，主梁吊装可采用架桥机，而干旱期可考虑吊车吊装等。

5. 考虑机械的作业效率对进度的影响选择施工机械

机械的技术状况（完好程度）及施工现场的施工作业条件对机械生产能力（生产率）的影响较大，要注意在关键工程中配备作业效率较高的机械，以免影响施工进度。

6. 从全局出发统筹考虑选择施工机械

从全局出发就是不仅要考虑本项工程需要，也要考虑所承担的同一现场上的其他项工程施工的需要。就是说从局部考虑选择可能不合理，但从全局考虑则是合理的。如果几个工程需要的混凝土量大，而又相距不远，采用混凝土搅拌楼比多台分散的拌合机要经济，而且还可以保证混凝土的质量。

7. 购置机械与租赁机械的选择

根据工程量的大小与企业资金情况，对施工需要的机械是购置还是租赁，必须进行比较。

（二）施工机械组合的基本方法

在综合机械化组列（如路面施工的一系列配套机械）的施工过程中，协调均衡的配套关系是使综合机械化组列达到高效与经济运行的必要条件。可见，要想实现机械化施工的高效性和经济性，首先要使参与组合的各种机械之间配合协调，均衡作业。施工机械组合的基本方法主要有以下几个方面。

1. 按招标文件及设计要求组合施工机械

在设计文件或招标文件的技术规范中，为了保证工程质量或满足设计上的技术要求，往往对施工方法及其主要机械的规格、型号及作业效率等提出了一些具体要求。当进行机械组合时，首先要以满足这些要求来选择主导机械，然后以主导机械为主合理匹配其他施工机械。

2. 按合同工期要求组合关键工程的施工机械

关键工程的作业进度对合同工期的影响很大，它往往决定着施工进度的节奏和快慢程度。例如，在关键的大型土方工程或混凝土工程施工时，为了满足进度要求，施工主导机械宜选择大型机械设备，其他机械要以充分发挥主导机械的效能为原则进行选型配套；反之，工程量较小的非重点工程宜选用小型机械进行组合，以免机械效率损失和浪费。

3. 按满足施工方案要求组合施工机械

施工方案不同，所采用的机械设备也不同。机械选型与配套时，首先要与拟采用的施工方案相适应，选择主导及配套机械；其次，当施工方案的施工方法一定时，若按正常的施工组织条件和常规做法施工，其主要机械设备也是一定的。如采用厂拌法进行路面面层施工时，其主要机械设备无非就是拌合站、摊铺机、运输车辆、压路机。这时只需满足质量和工期要求，按机械组合的原则组合施工机械即可。然后通过试验路段优化拟定的机械组合，并进行机械最佳匹配。

4. 按最佳经济运行条件组合施工机械

在施工过程中，当施工的主导机械一定时，为了充分发挥综合机械化作业的生产效率，必须以主导机械的作业效率为主，合理进行其他机械的选型和配套，要基本做到"既能充分发挥主导机械的作用，又能合理运用其他机械，避免机械效率损失，使综合机械化作用处在最佳经济运行状态"。

5. 按提高施工机械利用率的原则合理组合施工机械

在合同段的施工过程中，同一类型的施工机械有可能在许多分部分项工程中都要使用，因此，在进行某一分项的施工机械组合时，还要考虑这个分项工程采用的施工机械在其他施工项目中的重复利用问题，以便提高机械的利用率。

三、注意事项

机械选型的目的是针对具体施工方案和施工条件选择适宜的机械类型，使其既能保质保量地完成作业任务，又能充分发挥机械的性能优势及潜力，以期达到最佳的机械效益。选择施工机械时应注意以下几个方面的问题。

1. 保证工程质量

根据工程的技术要求，考虑施工机械的技术性能是否与施工质量及技术规范的要求相适应，能否达到相应的施工质量要求。

2. 保证施工安全性

在工程施工中，机械应具有可靠性和安全性，如行驶稳定、有翻车或落体保护装置、防尘隔声、危险施工项目可遥控作业等。

3. 充分体现经济性

一般在选择机械时，必须权衡工程量与机械费用的关系，同时要考虑机械的先进性和可靠性，这是影响经济效益的重要因素。

4. 保证施工机械的适应性

公路机械化施工的范围非常广泛，施工条件千变万化，选用施工机械时应从机械类型及机械的技术性能两方面考虑机械的适应性。

5. 尽量选用系列产品

在整个机械化施工中，应减少同一功能机械的品种类型，尽可能使用统一、标准化的系列产品，以便于维修和管理。

6. 拟选施工机械与其他配套机械的组合要合理可行

拟选机械在工作容量、数量搭配、生产效率及动力搭配方面，应与配套的组合机械彼此适应，协调一致。

四、实训范例

(一) 工程概况

1. 概述

国道 217 线克拉玛依至独山子段公路改建工程，其路线起于克拉玛依市国道 217 线原一级公路与二级公路相交处北 K403+300 处，沿国道 217 线南行经五五新镇、共青城，在奎屯市西南下穿兰新铁路西线，终点桩号为 K551+741.585。路线全长 148.449 81 km，实际改建路线全长 125.891 39 km。

第一标段起点桩号为 K403+300，终点桩号为 K410+100，全长 6.800 km。主要包括 6.800 km 的一级公路（路基宽为 25.5 m）路基改建、路面工程；防护、排水新建工程，平面交叉及管线交叉工程；环境保护工程；改路工程；2 座互通式立交工程；13 道涵洞，6 道通道工程。

本路段与老路平面线位不变，单侧加宽为主，少量双侧加宽，原路面作为垫层，加铺底基层、基层和面层。沥青混凝土、水泥稳定碎石及稳定砂砾要求厂拌施工。

路面结构从上向下依次为：3 cm 厚密级配细粒式沥青混凝土加 4 cm 厚中粒式沥青混凝土加 20 cm 厚 4% 水泥稳定砂砾加 25 cm 厚天然级配砂砾。

本标段互通立交 2 处：金龙镇互通立交和 9 km 互通立交；涵洞 13 道，结构形式主要为钢筋混凝土盖板涵；通道 6 道。

2. 工程地质

路线所在区域地质构造环境：北部为阿尔泰地槽褶皱带，西侧为准噶尔界山褶皱带，整个路线座落于准噶尔拗陷区西侧，南部为天山地槽褶皱带。

线路所在地为准噶尔盆地西南缘，地形封闭，气候干燥，自然条件特殊，盐渍土在本线路分布广，公路受盐渍化影响形成严重病害。

3. 水文地质

项目所在地区，地下水由南部天山、西部界山山区由南向北，由西向东向盆地径流。含水层多为砂砾石，所以径流条件较好。

地下水在洪积扇前缘及盆地中，主要靠泉水排泄、蒸发和植物蒸腾排泄。在山前洪积扇前缘形成沼泽、湿地，可以蒸发和蒸腾消耗。盆地中地势低洼处，是地表水的汇集中心，也是地下水排泄汇集的中心。北部的乌伦古湖，盆地西北缘和南部的艾比湖和玛纳斯湖，部分地下水为人为开采消耗。

4. 交通、动力、通信及其他条件

(1) 本工程为改建工程，交通方便。

(2) 沿线有电力，但需考虑自备电源。

(3) 沿线通信较为方便。

(4) 沿线沟、河较多，地下水源丰富，水质良好，施工用水方便。

(5) 本合同段地材可在克拉玛依市华夏机碎砂石料场或奎管处水电公司砂石料场采购。

(6) 取土场在克拉玛依后山取土场，距主线 15 km 为砂砾土，平均运距 19 km。

5. 路基土石方及路面工程的主要工程数量

（1）路基土石方：挖石方 3 139 m³，挖土方 16 467 m³，填方 866 381 m³。

（2）路面：天然级配砂砾底基层厚 25 cm，290 916 m²；黏层沥青 325 320 m²；水泥稳定砂砾厚 20 cm，304 193 m²；透层沥青 300 540 m²；中粒式沥青混凝土厚 4 cm，330 667 m²；细粒式沥青混凝土厚 3 cm，305 397 m²；C25 预制混凝土路缘石 2 695 m³；C25 中央分隔带混凝土预制板 533 m³。

（二）拟投入本合同路基、路面工程的主要施工机械

根据以上工程概述及工程数量，配备的拟投入本合同工程的主要施工机械详见表 1-3。

五、上交资料

每人上交实训报告一份。

表 1-3 拟投入本合同工程的主要施工机械

机械名称	规格型号	额定功率/kW 容量/m³ 或吨位/t	厂牌及出厂时间	数量/台 小计	其中 拥有	新购	租赁	新旧程度/%
推土机	TY220	220 kW	山推 2005	6	6			95
推土机	D8L	220 kW	小松 2004	4	4			96
挖掘机	HD/430	1.4 m³	加藤 2005	5	5			95
挖掘机	300B	1.2 m³	美国 2004	3	3			95
挖掘机	现代	1.2 m³	现代 2005	2	2			95
自卸汽车	斯太尔	30 t	斯太尔 2005	18	18			95
自卸汽车	尼桑	20 t	尼桑 2005	16	16			97
自卸汽车	太托拉	25 t	太托拉 2005	8	8			95
振动压路机	YZ18	50 t	徐州 2004	5	5			99
手扶式小型压路机	YZ18	4 t	徐州 2004	5	5			99
压路机	英格索兰	50 t	无锡 2005	1	1			95
平地机	PY160C	118 kW	天津 2005	6	6			95
装载机	KLD—85Z	3.5 m³	厦工 2004	5	5			96
装载机	W90—3	2.7 m³	小松 2004	4	4			96
黄河油罐车	NK162	15 t	黄河工机 2005	2	2			95
沥青混凝土拌和设备	MPA500	500 t/h	玛莲尼 2006	1	1			96
沥青混凝土摊铺设备	ABG420	126 kW	德国 2006	1	1			96
双钢轮压路机	DD90		英格索兰 2004	2	2			98
压路机	三轮宝马	50 t	德国 2006	1	1			97
双钢轮压路机	DD110		英格索兰 2006	2	2			96
胶轮压路机	YL25	25 t	洛阳 2005	3	3			97
水泥稳定土拌和设备	WBC—500	500 t/h	无锡 2005	1	1			97
沥青洒布车		4 000 L	自制 2004	3	3			96
振动压路机	CA30	30 t	瑞典 2005	5	5			96
压路机	3Y18×21	18～21 t	洛阳 2004	4	4			96
水泥稳定土摊铺机	MT900	12 m	成都 2004	1	1			97
洒水车	EQ141	8 t	一汽 2005	4	4			97
备注	以上设备均为我处自有设备，状态完好，大部分闲置，分布在兰州宝兰项目、青海西宁 315 项目，这些项目已完工，本工程一旦中标，可立刻投入使用							

实 训 报 告

| 日期： | 班级： | 组别： | 姓名： | 学号： |

实训任务	路面工程施工机械的选择	成绩	
实训目的			
实训内容	背景材料： 一、工程概述 芜太公路高淳段养护改善工程位于江苏省高淳县境内，本项目的起点位于高淳与宣城交界的大公河，终点位于高淳变电所太安路交叉口处（一期工程的起点），起讫桩号为 K0+000～K17+360.362，全长 17.36 km，本合同段为二级公路的改造工程，沥青混凝土路面，施工时封闭交通。 二、地理情况及气象水文 本路线区域位于高淳县境内，本合同段地形起伏较大，最大高差约为 30 m，全线场地内主要为农田、沟塘，部分地段水网密布。场地地貌隶属岗地微丘下坳沟地貌单元。该地区位于长江下游，属亚热带季风气候区，气候受季风环流影响较大，四季分明，冬夏温差显著，春季天气多变，初夏梅雨多水。该地区光照充足，全年平均无霜期 237 天。 三、交通与运输条件 施工区段内交通便利，沿线筑路材料供应丰富。 四、技术标准 本项目路面结构采用沥青混凝土路面，设计使用年限为 12 年。本工程为平原微丘区二级公路，计算行车速度为 80 km/h，平均设计车道累计当量轴次为 205.12 万次/车道，沥青混凝土路面设计弯沉为 0.361 mm。设计荷载为汽—20 级，挂—100 级，路基宽度为 17 m，路面宽度为 14 m。桥涵与路基同宽（除水阳江桥大桥，桥宽为 12 m），桥面净宽为 16 m。 五、路面结构形式 本项目路面有路面基层和路面面层两种结构形式，路面基层为厚 18 cm 二灰碎石，路面上面层为厚 4 cm AC—16I 中粒式沥青混凝土，下面层为 6 cm AC—20I 中粒式沥青混凝土。 六、主要工程量 1. 基层 （1）厚 18 cm 二灰碎石 232 412.8 m²。 （2）厚 15 cm 二灰碎石 2 205.36 m²。 （3）厚 36 cm 二灰碎石 12 186 m²。 2. 面层 （1）1 cm 厚乳化沥青下封层 232 412.8 m²。 （2）厚 4 cm AC—16I 中粒式沥青混凝土上面层 224 570.4 m²。 （3）厚 6 cm AC—16I 中粒式沥青混凝土桥面铺装 11 158.33 m²（花奔大桥桥面铺装）。 （4）厚 6 cm AC—20I 中粒式沥青混凝土下面层 224 570.4 m²。 （5）厚 2.5 cm 沥青表处 1 583.66 m²。 （6）厚 20 cm C30 水泥混凝土面板 2 322.53 m²。 3. 路缘石 C25 混凝土路缘石预制、安装 636.70 m³。 4. 玻纤格栅 3 480 m²。 问题：根据以上所给资料，确定拟投入本合同工程的主要施工机械数量。		

续表

实训内容	
实训总结	

实务四

流水作业组织

一、实训目的与要求

（1）明确流水作业组织形式。
（2）学会分析流水作业组织方式的特点。
（3）掌握流水作业组织方法的步骤。
（4）根据流水作业组织形式及流水作业组织特点，学会运用流水作业组织方法编制施工组织进度计划。

二、实训方法与步骤

1. 分析合同段（或项目）各施工过程的施工条件、工艺顺序和劳动量，确定施工流水线

为了组织流水作业，必须首先确定施工的流水线。在公路工程建设中，一般按照公路建筑产品组成要素、结构类型、施工性质和施工条件等，将公路工程分为路基、路面、桥涵、交叉工程、隧道、其他工程与沿线设施、临时工程、管理养护服务房屋八条生产线。每条生产线还可以进一步细分，直至按采用的施工方案，依据独立的施工条件、生产性质和结构类型划分出可以组织流水作业的施工流水线。如在桥梁工程的施工中，可以按照基础、下部结构、上部结构、其他附属工程等几条流水线进行，再将这几条流水线适当地连续起来，等前一条流水线提供了一定的工作面后，后一条流水线即可插入平行施工。当然也可以把流水线划分得更细一点，如把上部结构中的墩柱分为支模、放置钢筋骨架、浇筑混凝土、养生及拆模而组成一条流水线。

2. 确定施工过程数

施工过程数的确定应符合不同进度计划的要求，一般按实际施工组织需要，抓住主导工序及其技术特点，分析工艺过程，采用独立或合并工序的方法，适当确定施工过程数。施工过程数目的确定要适当，若施工过程数过少，也就是划分得过粗，将达不到好的流水效果；反之，施工过程数过多，需要的专业工作队就多，相应地需要划分的流水段也多，这样也达不到好的流水效果。

3. 划分施工段并确定施工段数

施工段的划分，在不同的流水线中可以采用不同的划分方法，但在同一流水线中最好采用统一的划分方法。在划分时应注意施工段数要适当，施工段数过多，势必要减少工人数而延长工期；施工段数过少，又会造成资源供应过分集中，不利于甚至有时无法组织流水施工。为了使施工段划分得更科学、更合理，在划分施工段数时应考虑以下因素：

(1) 构造物的形状和结构特征。
(2) 尽量使各施工段上各施工过程的工程量大致相等。
(3) 工人操作要有足够的工作面。
(4) 尽量使主导施工过程的作业队能连续施工。
(5) 对于多层的拟建工程项目,既要划分施工段,又要划分施工层,以保证相应的专业工作队在施工段与施工层之间,组织有节奏、连续、均衡的流水施工。
(6) 在循环施工(即含有施工层时)中,施工段的划分还要考虑施工段数和施工过程数的关系。

4. 组织专业施工队

一般来说,在一条流水线中的各施工过程的施工都应分别组成专业的施工队组来承担,因为分工协作是流水作业的基础。组建专业施工队应以主导工序的技术特点为主,充分体现工序的专业技术含量,要有较强的专业性,如钢筋班、木工班。但专业队组不仅是完成一道工序,通常它是以主导工序为主,还可兼顾其他工序作业,如石拱涵施工是以砌筑工艺为主组建专业队,但也可同时兼顾基础开挖这道工序。有时一个专业队也可根据工艺技术特点完成施工组织需要分开的两道工序的作业,如木工班既可制作模板,又可拆除模板。

5. 确定各施工队组在各个施工段上的流水节拍

一般根据可供利用或人为提供的工作面大小和施工资源的组织情况,结合企业的施工经验、技术和管理特点计算流水节拍。影响流水节拍数值大小的因素主要有:项目施工时所采取的施工方案,各施工段投入的劳动力人数或施工机械台数,工作班次,以及该施工段工程量的多少。

6. 确定各施工段的施工作业次序

流水作业的施工次序不同时,总工期也不同。通常人们为了确定最优(短)工期,采用"约翰逊—贝尔曼法则"确定施工次序。

7. 确定相邻专业队之间的流水步距

当施工段确定后,流水步距的大小直接影响着工期的长短。如果施工段不变,流水步距越大,则总工期越长;反之,工期就越短。根据流水步距的确定原则,采用"潘特考夫斯基法则"确定流水步距。

8. 绘制流水施工进度图,确定计划工期

在组织流水施工确定计划总工期时,项目经理部应该根据项目的具体情况考虑并确定平行搭接时间、技术间歇时间及组织间歇时间等时间数值。根据以上时间参数确定该项目的计划总工期后,将各条流水线搭接起来,组成工程流水施工就可以绘制流水施工进度图。

三、注意事项

(1) 流水施工组织的关键是确保施工连续性,所以要求某一工种的专业队组在完成不同施工段上的同类工序后,移动时尽可能连续或减少间歇时间。
(2) 施工过程数划分的粗细,应以流水作业进度计划的性质为度,一般应结合所选择的施工方案划分施工过程数。
(3) 划分施工过程数应重点突出,抓住主要工序,不宜太细,使流水作业进度计划简明、扼要。

(4) 流水作业进度计划内的所有施工过程数应按施工先后顺序排列，所采用施工过程的名称应与现行公路工程预算定额的项目名称一致。

(5) 划分施工段时，应考虑是否具备独立的施工条件、相同的结构类型以及是否具备相同的工序及工艺顺序。

(6) 施工段的划分，应考虑施工规模、资源供应等，通常以主导工序的组织为依据，保证完成主导工序的专业队能够连续施工。

(7) 划分施工段时，应考虑施工对象的结构完整性。如大型人工构造物以伸缩缝、沉降缝为界分段，一般的工程结构应在受力最小而又不影响结构外观的位置分段。

(8) 流水步距的确定应能保证相邻两个专业工作队在施工顺序上的相互制约关系。

(9) 流水步距的确定要尽量保持各专业工作队组都能连续作业。

(10) 流水步距要保证相邻两个专业工作队，在开工时间上最大限度地、合理地搭接。

(11) 流水步距的确定要保证工程质量，并满足安全生产的要求。

(12) 两道非紧密衔接的相邻工序，在确定流水步距时，还应考虑相邻工序交接时的技术间歇和组织间歇时间。

(13) 在绘制流水作业图时，应使各相邻工序之间尽量紧凑衔接，即尽量使所排工序向作业开始方向靠拢，这样可获得最短总工期。

四、实训范例

某施工单位承担一公路建设项目，该建设项目有 a、b、c、d、e 共 5 个施工过程，该建设项目施工时在平面上划分成 4 个施工段，每个施工过程在各个施工段上的工程量、定额与班组人数见表 1-4。施工过程中按相关施工规范及工艺过程的需要，施工过程 b 完成后，其相应施工段至少要养护 3 天；施工过程 c 完成后，其相应施工段要留有 1 天的准备时间。为了早日完工，允许施工过程 a 与 b 之间搭接施工 1 天，试编制该施工项目的流水施工方案。

表 1-4 某工程相关资料

施工过程	劳动定额	单位	各施工段的工程量				专业队人数
			A 段	B 段	C 段	D 段	
a	8.2 m²/工日	m²	246	166	168	326	10
b	2.4 m³/工日	m³	32	72	170	135	14
c	0.6 t/工日	t	7.2	3.2	10.8	18	6
d	1.6 m³/工日	m³	70	35	53	52	11
e	5.8 m³/工日	m³	178	232	117	56	10

解析：

(1) 根据以上所给资料，按照流水节拍计算公式，计算施工过程 a 在各个施工段上的流水节拍。

$$t_{aA} = \frac{Q_i}{S_i \cdot R_i \cdot N_i} = \frac{246}{8.2 \times 10 \times 1} = 3$$

$$t_{aB} = \frac{Q_i}{S_i \cdot R_i \cdot N_i} = \frac{166}{8.2 \times 10 \times 1} = 2$$

$$t_{aC} = \frac{Q_i}{S_i \cdot R_i \cdot N_i} = \frac{168}{8.2 \times 10 \times 1} = 2$$

$$t_{aD} = \frac{Q_i}{S_i \cdot R_i \cdot N_i} = \frac{326}{8.2 \times 10 \times 1} = 4$$

同理，按照流水节拍的计算公式可以计算出其他施工过程在各个施工段上的流水节拍，整理后见表1-5。

表1-5 各个施工段流水节拍汇总

流水节拍＼施工段＼作业队	A	B	C	D
a	3	2	2	4
b	1	3	5	4
c	2	1	3	5
d	4	2	3	3
e	3	4	2	1

（2）求相邻工序流水节拍的累加数列。

a：3，5，7，11

b：1，4，9，13

c：2，3，6，11

d：4，6，9，12

e：3，7，9，10

（3）确定流水步距。

① $K_{a,b}$。

$\quad\quad$ 3，5，7，11

$-)\ $ 1，4，9，13

$\quad\quad$ 3，4，3，2，-13

$K_{a,b} = \max\{3, 4, 3, 2, -13\} = 4$（天）

② $K_{b,c}$。

$\quad\quad$ 1，4，9，13

$-)\ $ 2，3，6，11

$\quad\quad$ 1，2，6，7，-11

$K_{b,c} = \max\{1, 2, 6, 7, -11\} = 7$（天）

③ $K_{c,d}$。

$\quad\quad$ 2，3，6，11

$-)\ $ 4，6，9，12

$\quad\quad$ 2，-1，0，2，-12

$K_{c,d} = \max\{2, -1, 0, 2, -12\} = 2$（天）

④ $K_{d,e}$

$$\begin{array}{r}4,\ 6,\ 9,\ 12\\ -)\ 3,\ 7,\ 9,\ 10\\ \hline 4,\ 3,\ 2,\ 3,\ -10\end{array}$$

$K_{d,e}=\max\{4,3,2,3,-10\}=4$（天）

（4）确定计划总工期。根据题意，施工过程 b 完成后，要养护3天；施工过程 c 完成后，要留有1天的准备时间；施工过程 a 与 b 之间搭接施工1天，由此可得：

$$\begin{aligned}T&=\sum_{j=1}^{4}K_{j,j+1}+\sum_{j=1}^{4}t_{i}^{e}+Z_{b,c}+G_{c,d}-C_{a,b}\\&=(4+7+2+4)+(3+4+2+1)+3+1-1\\&=30\text{（天）}\end{aligned}$$

（5）绘制流水施工进度图，如图1-3所示。

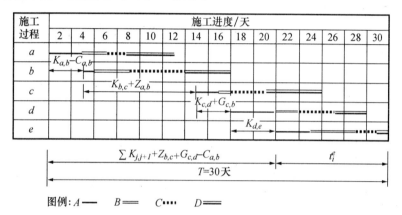

图1-3 流水施工进度图

五、上交资料

每人上交实训报告一份。

实 训 报 告

日期: 班级: 组别: 姓名: 学号:

实训任务	施工项目流水施工方案的确定	成绩	
实训目的			

实训内容	背景材料: 某施工单位承担一公路工程建设项目,该工程有 a、b、c、d、e 共 5 个施工过程,该建设项目施工时在平面上划分成 5 个施工段,每个施工过程在各个施工段上的工程量、定额与班组人数见表 1-6。施工过程中按相关施工规范及工艺过程的需要,施工过程 b 完成后,其相应施工段至少要养护 2 天;施工过程 d 完成后,其相应施工段要留有 2 天的准备时间。为了早日完工,允许施工过程 a 与 b 之间搭接施工 1 天。 表 1-6 某工程相关资料

施工过程	劳动定额	单位	各施工段的工程量					专业队人数
			A段	B段	C段	D段	E段	
a	8.0 m²/工日	m²	238	242	160	164	315	10
b	1.5 m³/工日	m³	23	45	68	118	66	15
c	0.4 t/工日	t	6.5	3.2	3.3	9.5	16.1	8
d	1.3 m³/工日	m³	51	52	27	40	38	10
e	5.0 m³/工日	m³	148	102	203	97	53	10

问题:根据以上所给资料,编制该施工项目的流水施工方案。

续表

实训内容	
实训总结	

第二部分 施工进度计划编制实务

实务一

横线式施工进度计划编制

一、实训目的与要求

（1）明确横线式施工进度计划编制的依据。
（2）掌握横线式施工进度计划编制的方法与步骤。
（3）根据工程项目的开、竣工日期，资源供应情况，主要施工方案等，学会横线式施工进度图的绘制。

二、实训步骤与方法

横线式施工进度计划图简单、直观、易懂、易编制，适用于集中工程、材料供应计划、下达任务的辅助图。横线式施工进度图的具体编制步骤与方法如下。

1) 编制作业工期计算表
（1）准备好作业工期计算表，见表2-1。

表2-1 作业工期计算表

序号	施工项目	施工方法	工程数量		定额编号	主导工期	人工劳动量		实用人数		人工作业工期
			单位	数量			定额	数量	作业班制	每班人数	
1	2	3	4	5	6	7	8	9	10	11	12

序号	机械作业量/台班						实用机械台数与作业工期								
	机		机		机		机			机			机		
	定额	数量	定额	数量	定额	数量	班制	台数	工期	班制	台数	工期	班制	台数	工期
1	13	14	15	16	17	18	19	20	21	22	23	24	25	26	27

(2) 按编制施工进度图的依据，划分施工项目，确定施工方法。

(3) 列项。依据编制施工进度图列项的要求，将施工项目（工序）列项，并填入表2-1中的第2栏，同时，将施工方法填入第3栏。

(4) 在表2-1中逐项计算实际工程数量、劳动量（作业量）。某些工程数量可由图纸或概算、预算中抄写过来用。

(5) 在表2-1中逐项确定施工单位作业班制、实用人数和机械台数、作业工期或确定主导工期，反求人工和机械台班数量、规格。

(6) 在表2-1中逐项确定主导工期。

2）绘制施工进度线

(1) 参照图2-1，绘制进度图的空白图框和表格。

(2) 将"作业工期计算表"中的施工项目、有关数据抄录于图中。

(3) 按合同或上级规定的开、竣工日期，在图中填列日历。

(4) 按"作业工期计算表"计算的主导工期，根据施工项目（工序）之间的逻辑关系，确定施工作业组织方法（顺序作业法、平行作业法、流水作业法等）；在进度图上合理设计各施工项目的施工起止日期。即用直线或不同符号、不同颜色的线条在施工进度图上绘制作业进度；进度图的习惯表示方法是：以线的位置表示施工项目，以线的长短表示工期，线上的注字说明人工、机械数量及作业班制，线的符号表示不同施工段、工种、专业队等。

(5) 绘制劳动力、材料等资源的数量—时间曲线，参照图2-1。

(6) 在施工项目进度安排上进行反复比较，反复修改，同时修改作业工期计算表，直至合理为止。

(7) 编写施工进度图的说明，并抄录于进度图的适当位置。

(8) 在进度图的适当位置列出图例。

3）选择最优方案

对多方案反复调整与平衡、比较，最后选择最优方案。

三、注意事项

(1) 安排工程进度时，应扣除法定节假日，并充分估计因气候或其他原因的造成停工时间。上级规定或合同签订的施工工期减去这些必要的停工时间之后，才是实际可作安排的施工作业时间。另外，还要考虑必要的准备工作时间、必需的外部协调时间。

(2) 注意施工的季节性。例如，桥梁的基础施工应避开洪水期，沥青路面和水泥混凝土路面应避免冬期施工等。

(3) 安排工程进度时应保证重点、留有余地、方便调整。公路工程是野外施工，影响施工的因素很多，任何周密、详尽的计划也很难一一实现。特别是对于施工难度大、物资资源供应条件差的工程，更应注意留有充分的调整余地。

(4) 材料进场时，注意结合合同工期。在对初步方案进行优化时，注意外购材料和各种设备分批到达工地的合同日期，需要这些材料和设备的施工项目的开工时间不得早于合同日期。

(5) 进行劳动力编排时，注意调整劳动力不均衡系数。保证每天出勤的工人人数力求不发生大的变动，力求劳动力不均衡系数 $1.0 \leqslant K \leqslant 1.5$。其值可按下式计算：

$$K = \frac{R_{\max}}{R_{平均}}$$

式中　$R_{\max}$——施工期间人数高峰值；

　　　$R_{平均}$——施工期间加权平均工人人数。

四、实训范例

旧桥加固"施工组织设计"与新建桥梁施工组织设计不同。旧桥加固"施工组织设计"必须考虑不能中断交通和交通干扰问题，而新建桥梁施工组织设计不用考虑这些。以下范例是在考虑了不中断交通和交通干扰情况下，对一座桥采取分期加固维修，并保证一定的工期要求。

范例一：南幅桥维修加固施工组织计划

（一）项目概述

309国道东风渠桥南幅桥中心桩号为K750+631.5，是5孔、跨径为13 m的钢筋混凝土空心板简支梁桥，桥面连续。桥面净空为11 m+2×0.5 m防撞护栏，设计荷载标准为汽车－超20级，挂－120级。桥面铺装为10 cm的C30水泥混凝土加铺5 cm沥青混凝土。该桥为晋煤外运的重要通道，超载车多，对桥梁的破坏十分严重。

1. 该桥主要病害位置

（1）桥面铺装：破损率超过20%。

（2）上部构造：部分铰缝混凝土损坏严重。

2. 维修方案

（1）主板裂缝用环氧树脂砂浆填补并进行灌缝处理；铰缝重新浇筑混凝土。梁板底部粘贴碳纤维。

（2）全部凿除旧桥面铺装，重新铺筑早强水泥混凝土。

（二）施工方案

1. 维修施工总体安排及施工顺序

（1）交通。施工期间不中断交通，但浇筑混凝土及养生的7天时间内必须隔断交通。

（2）采用半幅施工。全桥共9块板，先凿除5块板的旧桥面铺装层；修补裂缝和铰缝，同时进行凿毛、植筋、粘贴碳纤维；冲洗板面；铺设5块板的钢筋网；中断交通，浇筑4块板的铺装混凝土。养生7天，混凝土强度达到80%后，开放交通。

（3）剩余块板的桥面铺装施工。

2. 施工组织

（1）作业方法。为了缩短工期，采用平行流水作业法。

（2）施工方法。由于工程规模小，工程琐碎，所以以人工作业为主，机械辅助。

（3）组建作业队。

①挖除旧桥面铺装层作业队。

②修补作业队——修补裂缝和铰缝，粘贴碳纤维。

③钢筋作业队——负责植钢筋、做钢筋网、铺设钢筋网。

④混凝土作业队。

3. 施工工期要求

施工期限为1个月，2006年11月10日至2006年12月10日。

本工程在接到中标通知书后，立即组织人员和机械设备进场工作，签订合同后3天内组织人员由项目经理率工程技术、企划、质检、试验、人劳、设备、材料、财务、综合科等各职能部门人员进入现场迅速展开工作。

（1）施工准备工作：2006年11月10日至2006年11月12日，2006年11月21日至2006年11月24日。

（2）挖除旧桥面铺装层作业队：2006年11月11日至2006年11月12日，2006年11月25日至2006年11月26日。

（3）修补作业队：2006年11月13日至2006年11月14日，2006年11月26日至2006年11月27日。

（4）钢筋作业队：2006年11月13日至2006年11月16日，2006年11月28日至2006年12月1日。

（5）混凝土作业队：2006年11月17日、2006年12月2日；混凝土养生分别为2006年11月18日至2006年11月24日，2006年12月3日至2006年12月9日。

（三）劳动力计划与主要施工机具安排

（1）劳动力计划：每道工序应保证有经验的专业技术人员最少一名；其他非技术人员可根据工程具体情况互相调用。

（2）施工机具安排：施工机具应精良，以保证工程质量和工程进度。

（四）主要材料的采、运方案

由于工程规模小、工期短，在开工前，第一个半幅所用的主要材料（钢筋、水泥、碎石、砂）应在工地备齐。第一个半幅混凝土养生期间，采、运第二个半幅所用的主要材料。全部材料应满足有关技术规范要求，采用汽车运输。

（五）编制工程横线式施工进度图

工程横线式施工进度图如图2-1所示。

范例二：北幅桥维修加固施工组织计划

（一）项目概述

309国道东风渠桥北幅桥为8孔、跨径为6.5 m的钢筋混凝土空心板简支梁桥，单板宽1 m。桥面净空为7 m＋2×0.5 m防撞护栏，设计荷载标准为汽车－15级，拖－60级。桥面铺装为6 cm水泥混凝土加铺7 cm沥青混凝土。该桥为晋煤外运的重要通道，超载车多，对桥梁的破坏十分严重。

顺序	工程项目	每班人数	作业班制	工期开始	工期结束	施工天数	2006年11月10日—2006年12月10日
	施工准备	20	1	11.10	11.12	3	20
第一个半幅	挖除旧桥面作业队	12	2	11.11	11.12	2	12
	修补作业队	16	2	11.13	11.14	2	16
	钢筋作业队	20	1	11.13	11.16	4	20
	混凝土作业队	20	2	11.17	11.17	1	20
	混凝土养生	2	1	11.18	11.24	7	2
第二个半幅	施工准备	10	1	11.21	11.24	4	10
	挖除旧桥面作业队	12	2	11.25	11.26	2	12
	修补作业队	14	2	11.26	11.27	2	14
	钢筋作业队	20	1	11.28	12.1	4	20
	混凝土作业队	20	2	12.2	12.2	1	20
	混凝土养生	2	1	12.3	12.9	7	2

劳动力安排示意图

40 30 20 10

20 32 36 20 2 26 12 14 20 2

说明：
(1)进度线上的数字为人数；
(2)非技术人员可以相互调用；
(3)施工准备阶段由各专业队自行准备；
(4)施工所用的零工可以就近临时雇用；
(5)采用流水作业方法。

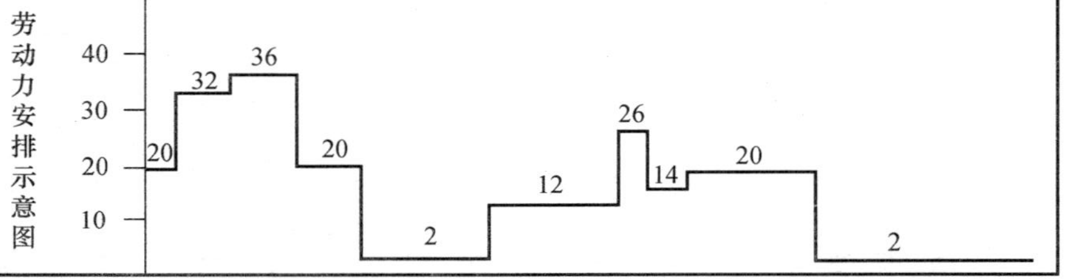

图 2-1 南幅桥维修加固工程横线式施工进度图

1. 该桥主要病害位置

墩柱面积小；盖梁尺寸小；主板裂缝；桥面铺装：破损率超过20%；支座、伸缩缝；防撞护栏。

2. 维修方案

（1）对墩柱和盖梁进行加大截面改造。

（2）全部凿除旧桥面铺装，重新铺筑早强水泥混凝土。

（3）对该桥的支座和伸缩缝重新设置。

（4）主板裂缝用环氧树脂砂浆填补并进行灌缝处理；铰缝重新浇筑混凝土。梁板底部粘贴碳纤维。

（5）凿除旧护栏，设置新护栏。

（二）施工方案

1. 维修施工总体安排及施工顺序

（1）交通。施工期间不中断交通，但浇筑混凝土及养生的7天时间内必须隔断交通。

（2）维修施工顺序。墩柱和盖梁加大截面→全部凿除旧桥面铺装→清理铰缝混凝土，切除实心板间连接→安装支座→主板裂缝用环氧树脂砂浆填补并进行灌缝处理，梁板底部粘贴碳纤维→铰缝重新浇筑混凝土，实心板植筋→铺设钢筋网，重新铺筑早强水泥混凝土桥面铺装→安装伸缩缝。

（3）采用半幅施工。

2. 施工组织

（1）作业方法。为了缩短工期，采用平行流水作业法。

（2）施工方法。由于工程规模小，工程琐碎，所以以人工作业为主，机械辅助。

（3）组建作业队。

①挖除旧桥面铺装层作业队——凿除旧桥面，清理铰缝混凝土，切除实心板间连接。

②修补作业队——首先对墩柱和盖梁进行加大截面改造，然后修补裂缝和铰缝，粘贴碳纤维。

③安装作业队——安装支座、伸缩缝。

④钢筋作业队——负责植钢筋、做钢筋网、铺设钢筋网。

⑤混凝土作业队。

3. 施工工期要求

施工期限为40天，2007年4月1日至2007年5月10日。

本工程在接到中标通知书后，立即组织人员和机械设备进场工作，签订合同后3天内组织人员由项目经理率工程技术、企划、质检、试验、人劳、设备、材料、财务、综合科等各职能部门人员进入现场迅速展开工作。

（1）施工准备：2007年4月1日至2007年4月3日，2007年4月15日至2007年4月18日。

（2）桥梁下部：2007年4月4日至2007年4月5日，2007年4月19日至2007年4月20日。

（3）挖除旧桥面：2007年4月4日至2007年4月5日，2007年4月21日至2007年

4月23日。

（4）安装支座：2007年4月6日至2007年4月7日，2007年4月24日至2007年4月25日。

（5）灌注裂缝及铰缝：2007年4月7日至2007年4月8日，2007年4月26日至2007年4月27日。

（6）钢筋作业队：2007年4月7日至2007年4月10日，2007年4月26日至2007年4月29日。

（7）混凝土作业队：2007年4月11日、2007年4月30日；混凝土养生分别为2007年4月12日至2007年4月18日，2007年5月1日至2007年5月7日。

（三）劳动力计划与主要施工机具安排

（1）劳动力计划：每道工序应保证有经验的专业技术人员最少一名；其他非技术人员可根据工程具体情况互相调用。

（2）施工机具安排：施工机具应精良，以保证工程质量和工程进度。

（四）主要材料的采、运方案

由于工程规模小，工期短，在开工前，第一个半幅所用的主要材料（钢筋、水泥、碎石、砂）应在工地备齐。第一个半幅混凝土养生期间，采、运第二个半幅所用的主要材料。全部材料应满足有关技术规范要求，并采用汽车运输。

（五）绘制工程横线式施工进度图

工程横线式施工进度图如图2-2所示。

五、上交资料

每人上交实训报告一份。

顺序		工程项目或作业队	每班人数	作业班制	工期 开始	工期 结束	施工天数	2007年4月1日—2007年5月10日							
								4.01-4.05	4.06-4.10	4.11-4.15	4.16-4.20	4.21-4.25	4.26-4.30	5.01-5.07	
第一个半幅		施工准备	20	1	4.01	4.03	3	20						
		桥梁下部	16	1	4.04	4.05	2	16						
		挖除旧桥面	12	2	4.04	4.05	2	12						
		安装支座	10	1	4.06	4.07	2		10					
		灌注裂缝及铰缝	16	2	4.07	4.08	2		16					
		钢筋作业队	20	1	4.07	4.10	4		20					
		混凝土作业队	20	2	4.11	4.11	1			20				
		混凝土养生	2	1	4.12	4.18	7			2				
第二个半幅		施工准备	10	1	4.15	4.18	4			10				
		桥梁下部	16	1	4.19	4.20	2				16			
		挖除旧桥面	12	2	4.21	4.23	3				12			
		安装支座	10	1	4.24	4.25	2					10		
		灌注裂缝及铰缝	16	2	4.26	4.27	2					16		
		钢筋作业队	20	1	4.26	4.29	4					20		
		混凝土作业队	20	2	4.30	4.30	1						20	
		混凝土养生	2	1	5.01	5.07	7							2
		劳动力安排示意图					50 40 30 20 10	28 20	46 36 20 10	20 2	16 12 10 2	12 10	36 20	2

说明:
(1)进度线上的数字为人数;
(2)非技术人员可以相互调用;
(3)施工准备阶段由各专业队自行准备;
(4)施工所用的零工可以就近临时雇用;
(5)采用流水作业方法。

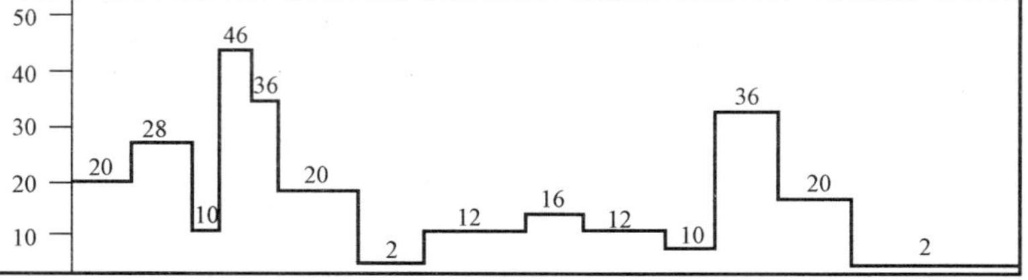

图2-2 北幅桥维修加固工程横线式施工进度图

实 训 报 告

日期：　　　　班级：　　　　组别：　　　　姓名：　　　　学号：

实训任务	绘制横线式施工进度图	成绩	
实训目的			
实训内容	背景材料： 一、工程概况 本工程属国道 203 线单家围子至金宝屯段 08 合同段，合同段起点桩号为 K201+000，终点桩号为 K225+030，全长 24.03 km，为一级公路，路基宽度为 26 m。沿线设通道 1 处，互通式立体交叉 1 处。 （1）本标段共设小桥 3 座，盖板涵 8 道。 （2）自然及地貌特征。路线经过地区属中温带半湿润大陆性季风气候区，受西伯利亚高压和蒙古燥风影响，春季干燥多风，风向多为西北或北西北，平均风速为 3～5 m/s，最大风速为 29 m/s，夏季酷热多雨，秋季温和凉爽，冬季漫长，严寒少雪。年平均气温为 4.5 ℃～6.8 ℃，最高气温为 36 ℃，最低气温为－37.8 ℃。年平均降雨量为 460 mm 左右，雨量 70%集中在 6、7、8 三个月，初雪时间在 10 月下旬，冻结期一般在 11 月至下一年的 4 月，最大冻结深度为 1.5～2.0 m，最大积雪厚度为 120 mm。 （3）地质情况。路线地处松辽平原，属东北地槽系，为中新生沉地层。沿线地质大多为低液限黏土、粉土质砂或黏土质砂、细砂、盐渍土。环境工程地质特征为草原碱化，风积沙垄或砂地遍布，浅层介质松散，含盐度高，易发生沙土液化。沿线大部分地段水位较深，对路基稳定不会产生较大影响。 二、本标段主要工程量 1. 路基工程 本段路基土方工程量为 699 209 m³，其中路基挖方为 302 454 m³，路基利用土方为 302 454 m³，借土填方 396 755 m³。 2. 路面工程 砂砾垫层：本合同段人工砂砾垫层工程数量为 33 296 m²。 底基层：本合同段路面底基层为石灰、粉煤灰稳定土（掺加 1/10 水泥），厚 200 mm 石灰、粉煤灰稳定土数量为 215 015 m²，厚 250 mm 石灰、粉煤灰稳定土数量为 85 856 m²。 基层：本合同段基层为石灰、粉煤灰稳定碎石，厚度为 300 mm，基层数量为 286 277 m²；厚度为 200 mm，基层数量为 12 769.02 m²。 透层、黏层：本合同段透层数量为 299 046 m²，黏层数量为 271 989 m²。 上面层：本合同段上面层为厚 40 mm 沥青玛琋脂碎石混合料，数量为 271 337 m²；下面层：本合同段下面层为厚 60 mm 粗粒式沥青混凝土，数量为 270 685 m²。 3. 桥涵工程 本合同段全线共设钢筋混凝土空心板梁桥 3 座，结构形式上部为钢筋混凝土空心板，下部为轻型台、打入桩基础，全长 33.22 m，中心桩号为 K205+450，K209+372，K210+118。 通道 1 座，结构形式上部为钢筋混凝土空心板，下部为轻型台扩大基础。中心桩号为 K203+964，全长 13.74 m。 4. 排水、防护工程 本合同段排水工程数量为边沟 32 328 m，急流槽 5.85 m³；防护工程数量为预制混凝土护坡 1 416.7 m³，现浇混凝土护坡 3 716.9 m³，蒸发池挖方 5 774.9 m³。 三、施工进度计划安排 业主要求总工期：2005 年 10 月至 2007 年 9 月，路面基层于 2006 年 8 月末前完成；路面面层（含桥面）工程在 2007 年 8 月末前完成；其他附属工程于 2007 年 9 月 15 日结束。 施工方计划工期：路基土方工程于 2006 年 8 月 20 日前完成，桥涵工程于 2006 年 8 月 10 日前结束，路面底基层于 2006 年 8 月 30 日前完成，路面工程于 2007 年 8 月 15 日前完成，比业主要求总工期提前 15 天。		

实训内容	1. 施工准备 2005年10月5日至2005年11月20日（主要是人员、设备进场，临时设施的搭建，拌合场的筹建，场地清理，施工便道、便桥的修建等）。 2. 路基施工 (1) 路基填前处理：2005年10月15日至2006年5月25日。 (2) 路基挖方：2006年5月1日至2006年6月20日。 (3) 路基填方：2006年5月1日至2006年8月20日。 3. 桥涵施工 2006年4月10日至2006年8月10日。 (1) 开挖基础：2006年4月20日至2006年5月30日。 (2) 打入桩预制：2006年4月10日至2006年5月10日。 (3) 打入桩基础施工：2006年5月1日至2006年5月30日。 (4) 基础及下部施工：2006年4月25日至2006年7月20日。 (5) 空心板及盖板预制：2006年4月20日至2006年7月10日。 (6) 空心板及盖板安装：2006年6月25日至2006年7月30日。 (7) 桥面铺装：2006年7月10日至2006年8月10日。 4. 路面工程 (1) 石灰、粉煤灰稳定土底基层：2006年7月1日至2006年8月30日。 (2) 石灰、粉煤灰稳定碎石基层：2007年5月1日至2007年6月30日。 (3) 粗粒式沥青混凝土下面层：2007年5月20日至2007年7月10日。 (4) 沥青玛琋脂碎石上面层：2007年7月15日至2007年8月15日。 5. 排水及防护工程 2006年6月1日至2007年6月30日。 问题：根据该工程主要工程数量、各分项工程施工进度安排及《公路工程预算定额》（JTG/T B06-02—2007），计算所需劳动力数量，并绘制横线式施工进度图。 提示：在劳动力具体分配时，要考虑不均衡系数在参考调整范围内。

续表

实训内容	
实训总结	

实务二

斜线式施工进度计划编制

一、实训目的与要求

（1）明确斜线式施工进度计划编制的依据。

（2）掌握斜线式施工进度计划编制的方法与步骤。

（3）根据工程项目的开、竣工日期，资源供应情况，主要施工方案等，学会斜线式施工进度图的绘制。

二、实训步骤与方法

1. 编制作业工期计算表

斜线式施工进度图的作业工期计算表的编制内容和方法，与横线式施工进度图的作业工期计算表的编制内容和方法基本相同。但列项时，线型工程要按里程顺序，并以公里为单位计量列项；集中型工程要按工程的桩号顺序，并单独计量列项。

2. 绘制施工进度线

（1）根据施工项目的多少，参照图 2-2 绘制图表轮廓、表格并标注相应里程。

（2）将作业工期计算表中的施工项目按数量、里程、不同符号展绘于进度图的上部各栏内。

（3）按合同或上级规定的开、竣工日期，将进度日历绘于图左的纵坐标上。

（4）将工程的空间组织，即施工平面设计草图，按里程展绘于进度图的下部。

（5）进行列项，按各施工项目的主导工期、施工方法、计算劳动量、周期、劳力人数、机械台数等施工作业组织方法，依据施工组织原理，用不同符号的斜线或垂线，进行施工项目的进度安排设计。此项设计工作要反复比较、修改。具体设计方法如下：

①小桥涵工程：首先要明确施工组织方法（顺序、平行、流水作业等），然后根据每座小桥涵工程的开、竣工日期，在各小桥涵的相应位置用直线或其他符号垂直地绘出施工期。

②大中桥工程：其绘制方法与小桥涵工程相同。但习惯上将桥梁上、下部工程用两种线条符号表示。

③路基工程：当路基工程的施工组织方法确定之后，可根据工程量、施工力量配制、施工条件，逐公里或逐施工段按主导工期，以斜线表示时间—里程之间的进度关系。在绘制路基进度线时，必须充分考虑各项施工项目之间的关系。由于多方面的原因，路基施工进度线可能是一条或多条直线，也可能是一条或多条连续或间断的折线。注意：所有斜线不能和桥涵线相交。

④路面工程：路面工程一般组织成一段或多段连续施工，所以进度线一般是一条或多

条斜线。斜线的垂直高度为路面施工的总工期,斜线的水平长度等于路面总里程。安排路面施工进度时,不得与路基进度线相交,避免路基施工间断,而且这也违反了施工的客观规律。

(6)按已计算好的施工周期,分别以不同的符号绘出进度线,并按紧凑的原则,使各进度线相对移至最佳位置,绘制资源(人工、材料等)消耗数量—时间曲线。

(7)进行反复比较、修改,检查总工期是否符合合同或上级规定要求,资源需要量是否均衡等,避免出现高峰低谷,使进度图合理。

(8)绘制施工进度图的图例和编写说明。

(9)最后以黑线加深线条。

3. 选择最优方案

进行多方案比较、评价,择优定案。

三、注意事项

(1)安排工程进度时,应扣除法定节假日,并充分估计因气候或其他原因造成的停工时间。上级规定或合同签订的施工工期减去这些必要的停工时间之后,才是实际可作安排的施工作业时间。另外,还要考虑必要的准备工作时间、必需的外部协调时间。

(2)注意施工的季节性。例如,桥梁的基础施工应避开洪水期,沥青路面和水泥混凝土路面应避免冬期施工等。

(3)安排工程进度时应保证重点、留有余地、方便调整。公路工程是野外施工,影响施工的因素很多,任何周密详尽的计划也很难一一实现。特别是对于施工难度大、物资资源供应条件差的工程,更应注意留有充分的调整余地。

(4)材料进场时,注意结合合同工期。在对初步方案进行优化时,注意外购材料和各种设备分批到达工地的合同日期,需要这些材料和设备的施工项目的开工时间不得早于合同日期。

(5)进行劳动力编排时,注意调整劳动力不均衡系数。保证每天出勤的工人人数力求不发生大的变动,力求劳动力不均衡系数$1.0 \leqslant K \leqslant 1.5$。其值可按下式计算:

$$K = \frac{R_{\max}}{R_{平均}}$$

式中 $R_{\max}$——施工期间人数高峰值;

$R_{平均}$——施工期间加权平均工人人数。

四、实训范例

(一)工程概况

本工程位于四川与陕西两省交界地区,是某国道公路的一段改建工程。该国道公路的下里坝至石碳段经过拟建水库的库区边缘,为保证水库建设的顺利进行,经上级批准,对被淹路段进行改建。

下里坝至石碳段公路改建工程，是整个库区被淹公路改建工程的一个组成部分，采用山岭重丘区三级公路标准，按两阶段设计。根据施工图设计文件，该路段的工程概况如下：

(1) 改建起点在下里坝附近原公路K55处，路线沿清川河东岸南下，在K56+560处的银子坝离开原公路，跨过清川河，然后继续南行，在石碳附近的K58+880处与原公路接线。改建路段全长3.88 km。

(2) 路基宽度为7.5 m。路基土石方为111 320 m³，其中石方为40 780 m³，土方为70 540 m³。浆砌块石挡土墙为955.2 m³。

(3) 路面宽度为6 m，两侧各设宽度为0.75 m的土路肩。路面面层为厚3 cm的三层式沥青表面处治，基层为厚20 cm的泥灰结碎石。

(4) 全线有中桥1座，为2孔、净跨30 m的石拱桥，桥长80.2延米；小桥3座，均为钢筋混凝土板桥，总长60.51延米；涵洞8座，长140.4延米，为钢筋混凝土盖板涵。

(5) 其他工程，如路基防护加固工程、附属工程、临时工程等略，本例不考虑。

本改建路段为沿溪线，河流水系发育，坡陡沟深，地形复杂。河谷阶地为农田，山坡地表灌木丛生，基岩露头处可见中厚层白云质灰岩夹硅质板岩。河漫滩为中粗砂夹砾石，分布较广。

本工程桥涵等人工构造物多，路基土石方分布不均匀，多集中在K56+400～K58+500一带，在施工组织设计中应注意各施工工点的相互干扰。沿线砂、石等建筑材料丰富；居民较多，行政、生活用房屋可资利用；新路施工基本上不影响原有公路通车（新旧公路仅在K55+000～K55+800这一小段重合）；交通方便。这些都是施工的有利条件。

(二) 施工组织设计的基础资料

本范例假定：施工图设计与计算正确；通过现场施工调查，掌握了沿线具体情况；经复核，各分项工程的工程量（表2-2）无误；其他技术文件、有关规范和新技术资料齐全。

本工程的工期：由于原有公路是运送水库施工物资的主要道路，水库蓄水后原有公路淹没，因此根据水库建设的总体安排，上级要求本工程在2005年第三季度开工，2006年年底建成通车，施工工期最长只有一年半。

(三) 选择施工方案和施工方法

1. 施工方案

(1) 整个工程的施工采用分别流水作业法。

(2) 建立以下8个专业施工队。

①土石方一队。

②土石方二队。

以上①、②两个队负责集中土石方工程的施工，采用平行顺序作业法。

③路基队：用顺序作业法施工沿线路基土石方，包括路基成型、压实、边坡清理等。

④小型构造物队：负责8座涵洞和4座挡土墙的施工，采用流水作业法。

⑤小桥队：负责3座小桥的施工，采用流水作业法。

⑥中桥队：负责1座中桥的施工，用网络分析法组织施工。

⑦路面基层队。

⑧路面面层队。

以上⑦、⑧两队用流水线法组织施工。

(3) 施工作业方向为从路线终点到起点。这是因为本范例大部分工程都集中在路线的中部和后面,又无行车干扰。同时,这个施工作业方向使需要利用的旧路(K55+000～K56+400段)最后施工,对旧路通车的影响达到最低程度。

2. 施工方法

本工程规模小,地方劳动力多,为了尽可能减少临时工程和调动地方的积极性,各项工程首先考虑人工施工。但对于劳动强度大、作业面小的工程,仍用机械施工或利用机械进行吊装的半机械化施工。各项工程的施工方法见表2-2。

表2-2 施工方法和工程数量

编号	工程名称	土石类别或结构类型	施工方法	工程数量 单位	工程数量 数量	需用工日数	备注
1	集中土方	普通土	机械	m³	50 440	252	推土机推运
2	集中石方	坚石	机械	m³	37 200	11 123	机械打眼
3	沿线土方	普通土	机械	m³	20 100	100	推土机推运
4	沿线石方	次坚石	人工	m³	3 580	2 151	
5	挡土墙	浆砌块石	人工	m³	955.2	1 423	
6	涵洞	钢筋混凝土盖板涵	人工	延米/座	140.8/8	3 950	
7	小桥	钢筋混凝土板桥	人工为主	延米/座	60.51/3	8 085	小型机具吊装
8	中桥	石拱桥	人工为主	延米/座	80.2/1	18 190	
9	路面基层	泥灰结碎石	人工	m²	25 220	1 619	厚度为20 cm
10	路面面层	沥青表面处治	半机械化	m²	23 280	768	厚度为3 cm,汽车洒油
	合计					47 661	

注:1. 本表仅为主要工程的工程数量及工日数,其他工程不考虑。
2. 需用工日数为实际使用的等级工,不是折合一级工,以便安排临时生活设施。
3. 涵洞及小桥的需用工日数是按定额计算后的综合数字,计算过程略。

(四) 编制工程进度图

为简化起见,只安排表2-2所列10个施工项目的具体施工进度,但在确定总工期时,仍考虑施工准备工作和收尾工作的时间。

1. 划分施工项目

根据工程性质和施工方法的不同,划分为表2-2所示的10个主要施工项目。

2. 计算劳动量

由工程量和相应的时间定额,计算得到各个施工项目的劳动量,即需用工日数(表2-2)。本工程上述10个施工项目的劳动量合计为47 661工日,假定与施工图预算一致。

3. 组织专业施工队,计算施工持续时间

将10个施工项目加以适当合并,由8个专业施工队施工(在施工方案中已提出)。各施工队的工人人数,根据机具配备和劳动优化组合的原则确定。各队人数见表2-3,表中人数为实际出工的工人数，确定各队的编制人数时，还应除以计划的出工率。

各施工队的作业持续时间，采用进入正常流水后的进度平均计算（工程实践中要考虑流水展开期，见本例中桥的进度安排），即用各队人数除该队应完成的劳动量。如小桥队由30人组成，应完成的劳动量为8 085工日，则该队的作业持续时间为8 085÷30≈270工日；又如路面基层队的作业持续时间为1 619÷65≈25工日。各施工队的作业持续时间见表2-3。

表2-3 各施工队作业持续时间

编号	施工队名称	人数	投入劳动量/工日		作业持续时间/天		起止时间		备注
			计算值	计划安排	计算值	计划安排	开工	结束	
1	土石方一队	35	8 225	8 225	235	235	11月下旬	8月底	跨年度
2	土石方二队	30	3 150	3 150	105	105	4月下旬	8月底	2006年
3	路基队	30	2 251	2 250	75	75	6月中旬	9月下旬	2006年
4	小型构造物队	20	5 373	5 400	269	270	9月初	7月下旬	跨年度
5	小桥队	30	8 085	8 100	270	270	9月初	7月下旬	跨年度
6	中桥队	80	18 190	19 200	227	240	9月初	6月下旬	跨年度
7	路面基层队	65	1 619	1 625	25	25	9月初	10月初	2006年
8	路面面层队	30	768	750	26	25	9月中旬	10月中旬	2006年

4. 确定施工总期限

1）有效作业天数

根据当地气象站多年的观测资料，该地区平均年降雨日数为48天，最高年份达到59天，冬季多雾，5—8月的降雨日数占全年降雨日数的55%左右。因此，每月的有效作业天数平均为（365－48）÷12＝26.4天，最不利年份为（365－59）÷12＝25.5天。国家法定休息日为52个星期日和7天节日，每月平均法定工作日为（365－52－7）÷12＝25.5天。

综合考虑以上情况，每月有效作业天数取为25天。由于在施工的一年半期间只有一个雨期，因此，每月按25天安排是完全能确保施工任务完成的。

2）施工准备与结束工作时间

假设本工程的施工准备工作与收尾结束工作的时间各需2个月，因此，正式施工时间为14个月，其有效作业天数为14×25＝350天。

3）施工实际需用的期限预计

根据各施工项目之间的合理搭接和逻辑关系，本工程有以下两条主要流水作业线：集中土石方→路基→路面，桥涵→路基→路面。从表2-3中可知，施工持续时间最长的是小桥队，为270天，因此，小桥→路基→路面可能是控制工期的关键线路。设各施工项目之间的间隔时间为15天，这条流水线路的作业持续时间最长为270＋15＋15＋15＝315天（因为后一施工项目的作业持续时间都比前一施工项目短或相等）。

另一方面，中桥两端有引道，为集中土石方，因此，中桥→引道填方→路面也有可能是控制工期的关键线路，这条流水线的作业持续时间之和为340天，如图2-3所示。

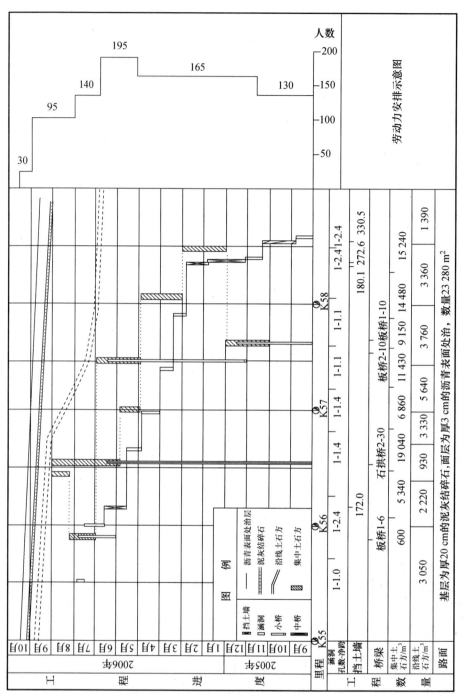

图2-3 斜线式施工进度图

综上所述，本工程的正式施工作业天数可控制在 350 天以内，可在上级规定的施工工期内完成任务。

5. 安排各项工程的施工进度

1) 正式开工时间

前已述及，本工程的准备工作为 2 个月，正式开工时间为 2005 年 9 月 1 日。

2) 重点工作的施工时间安排

根据前面的分析，影响本工程工期的重点工程是中桥和集中土石方。由于组织两个土石方施工队平行作业，因此，中桥工程就成为关键工程。为保证工程施工进度，首先安排中桥工程于 2005 年 9 月初开工。

由于本工程规模小，为尽可能减少临时生活设施，避免短时间内的人工过分集中，对小桥和小型构造物都只组织一个施工队，这就使得这两个施工队的作业持续时间相对延长。为争取时间，不影响路基和路面工程的开工，决定小桥队和小型构造物队也在 2005 年 9 月初开工。

3) 各项工程的施工时间安排

在具体确定施工时间时，主要考虑了以下几点：

(1) 遵守客观的施工顺序。如在任一地点都应按照桥涵构造物、土石方、路基、路面这样的次序施工，桥台完工后才能填筑引道和锥坡施工等。

(2) 同一地点需进行多项工程施工时应紧凑安排，以缩短工期。如中桥施工及引道填方、路面铺筑等在中桥施工段内都以满足各项工程之间的最小时间间隔进行安排，路面基层与面层之间的时间间隔由泥灰结碎石基层的养生期确定等。

(3) 注意人力和各种资源需用量的均衡。本例只考虑了劳动力需用量的均衡，如中桥完工后才安排路基队开工，土石方队完工后路面基层队开工等，避免了劳动力需用量出现峰值。

(4) 在规定的施工期限内完成全部施工作业。本例的竣工时间为 2006 年 10 月中旬，全部施工时间 14 个月，有效工作日 340 天，符合要求。

(5) 安排进度留有余地，便于执行时调整。本例共安排 48 700 工日，比计算的定额工日数（47 661 工日）多 2.18%，因此，本例的施工进度安排有足够的调整余地。本工程主要施工项目的斜线式施工进度图如图 2-3 所示。

6. 关于工程进度图的说明

(1) 每一施工队实际上分为若干小队或班组进行流水作业，如小桥队分为挖基坑、砌基础、墩台施工、上部构造施工、桥面铺装等班组。图中未绘出各班组的流水作业情况，以便突出各施工队之间的相互关系。

(2) 由于工地处于山区，夜间照明困难，为保证施工安全，一律按一班制进行安排（中桥拱圈的连续施工除外）。

(3) 劳动力的平衡只考虑工人总数，未考虑工种。整个施工期间的平均劳动力需要量为 48 700÷340≈143 人/天，需用劳动力最多时为 195 人/天（图 2-3）。劳动力不均衡系数为 195÷143=1.36。

(4) 图中桥涵跨径单位以 m 计，沿线土石方数量分段汇总标出。

五、上交资料

每人上交实训报告一份。

实 训 报 告

日期：　　　　班级：　　　　组别：　　　　姓名：　　　　学号：

实训任务	绘制斜线式施工进度图	成绩	
实训目的			
实训内容	背景材料： 一、工程概况 国道107线改建工程No.1标段（K558+224～K569+000）长10.776 km，其中新建段长3.346 km，其余长7.43 km。沿老路加宽，部分路段截弯取直，路线穿过地带基本为黄河古道冲积扇平原，地势起伏较小，属平原微丘区。海拔高度一般为98～101 m。所经地区属亚热带大陆气候区，气候干燥，四季分明，年平均气温为13 ℃，平均降水量为400 mm，年最大降水量为1 080 mm，6—8月为雨季，占全年雨量的51%。根据施工图设计文件，通过现场核查，工程概况如下。 1. 公路技术等级 平原微丘区二级公路，计算行车速度为80 km/h。 2. 路线 路段内共有5个转角点，平均0.046 4个/km。平曲线最小半径为500 m，最大半径为5 000 m。缓和曲线最小长度为70 m，反向曲线间直线最小长度为549.90 m，同向曲线间的最小直线长度为547.04 m，平曲线最小长度为221.96 m。平曲线的线型要素组合均为直线、回旋线、圆曲线、回旋线、直线顺序的基本型。 路段内共有12个变坡点，平均1.21个/km。最大纵坡为0.6%，最小纵坡为0.3%，最短坡长为300 m。凸形竖曲线最大半径为20 000 m，凹形竖曲线最小半径为6 000 m，竖曲线最小长度为120 m。 全段内平纵线型组合有4处，均符合相关规范设计要求。 3. 路基、路面 路基宽度为17 m，路面宽度为15.0 m，两侧硬路肩为1.0 m。 路面结构：路面基层（自下而上）为厚35 cm水泥石灰稳定土，厚0.6 cm乳化沥青稀浆封层，厚18 cm水泥稳定碎石。路面面层上面层为厚3 cm细粒式沥青混凝土，下面层为厚4 cm中粒式沥青碎石。 4. 主要工程数量 本标段路基土方为185 350 m³，沥青路面为161 640 m²，水泥稳定碎石基层为180 759 m²，水泥石灰稳定土底基层为17 012 m²，预应力空心板钻孔灌注桩中桥3座，涵洞24道，平面交叉17处，其中，公路与公路交叉3处，公路与大道交叉14处。 二、主要工程数量 本标段路线经过地区的地形、地貌属平原微丘区，基本是沿旧路改建加宽，个别截弯取直段需借方时，适当远运取土即可满足要求，为此，施工主要采用机械化作业。个别地段，大型机械设备不能作业时，采用人工配合小型机械化施工。路基工程配备足够的挖运设备及碾压平整设备，分段进行流水作业施工；路面工程拟采用大型稳定土石厂拌和设备拌和，机械摊铺。 为确保各分项工程质量按期完成，组建5个工程队独立作业。各工程队施工任务如下：第一工程队施工路段为K558+224～K564+000，长5.776 km；第二工程队施工路段为K564+000～K569+000，长5.000 km；第三工程队施工全路段的路面及沿线设施；第四工程队负责全标段中桥施工；第五工程队负责全标段涵洞施工。各工程队的工程数量划分见表2-4和表2-5。 三、工程进度图 1. 划分施工项目 本工程施工项目共13个，见表2-4和表2-5，这13个项目由5个工程队按工程处的统一部署分别完成。 2. 计算劳动量 由工程数量和相应的定额，计算得到本工程共需96 888工日。表2-6所示为各专业施工队的劳动量安排情况。 3. 组织专业施工队，计算施工作业持续时间 为确保施工的有序进行，5个工程队分别组织各自的专业施工队，共组织13个专业施工队先后投入工程施工。各专业队的人数在充分发挥施工机械效益的基础上按最佳劳动组合确定，再根据各专业队应完成的劳动量，计算施工作业持续时间。在表2-6中计划安排的劳动量为96 919工日，即增加0.03%，符合要求。		

续表

实训内容	表2-4 主要工程数量划分表				
	主要工程说明	单位	第一工程队	第二工程队	全路段合计	备注
	起讫桩号	km	K558+224～K564+000	K564+000～K569+000	K558+774～K569+000	
	长度	m	5.776	5	10 776	
	临时电力电信	m²	3 500	3 000	6 500	
	临时房屋	m³	2 400	2 200	4 600	
	路基沿线土方	m³	82 174	78 171	160 345	
	重点土方	m³	25 005		25 005	
	平面交叉	处	4	13	17	
	中桥	座	3	第四工程队		
	涵洞	道	24	第五工程队		
	水泥稳定碎石	m²	92 635	88 124	180 759	
	稀浆封层	m²	92 635	88 124	180 759	
	水泥石灰稳定土	m²	8 718	8 294	17 012	
	沥青路面	m²	161 640	第三工程队		
	沿线设施	km	10.776	第三工程队		

表2-5 中桥一览表

桥名	中心桩号	桥梁结构说明	桥长/m	施工单位
金堤河桥	K560+265	4～16 m预应力空心板桥	69.04	第四工程队
枣村河桥	K561+980	2～16 m预应力空心板桥	37.04	第四工程队
留村沟桥	K566+181	2～16 m预应力空心板桥	37.04	第四工程队

4. 确定施工作业期限

合同规定的施工期限为2006年8月31日开工，2007年10月1日完工，共计13个月。

表2-6 各专业队作业期限表

| 工程队 | 专业施工队 | 人数 | 施工任务说明 | 劳动量/工日 || 施工时间 ||
				计算值	计划安排	开始	结束
第一工程队	临时工程	178	修建临时房屋、便道，人工施工	7 100	7 100	06.9	06.10
	路基队	87	集中土方82 174 m³，机械化	12 081	12 081	06.9	07.3
	基层队	51	基层施工92 635 m³，机械化	4 078	4 078	07.3	07.6
第二工程队	临时工程	84	修建临时房屋、便道，人工施工	6 700	6 720	06.9	06.10
	路基队	82	集中土方78 171 m³，机械化	11 492	11 480	06.9	07.3
	基层队	51	基层施工88 124 m³，机械化	3 879	3 920	07.3	07.6
第三工程队	准备队	225	全段临时电力线路及拌合站安装	4 500	4 500	06.8	06.8
	路面队	153	沥青混凝土191 640 m³	15 342	15 300	07.6	07.9
	沿线队	19	安装公路沿线设施，人工施工	1 500	1 520	07.6	07.9
第四工程队	预制厂队	104	预制桥梁上部、涵洞圆管、盖板	6 218	6 240	06.9	06.11
	桥梁一队	126	钻孔灌注桩	7 589	7 560	06.9	06.11
	桥梁二队	150	桥梁上部结构	8 972	9 000	06.10	07.6
第五工程队	涵洞队	53	全线24道涵洞	7 437	7 420	06.9	07.4

续表

| 实训内容 | 根据当地气象资料，平均年降雨日数为120天，其中大雨和暴雨日数为19天，气候干燥，因此该地区无雨日数全年只有245天，施工期间出现雨天和高温等天气是不可避免的。
国家规定的全年法定工作日为 365－52×2－7＝254 天。
综合考虑以上因素，每月的施工作业天数应为 245÷12＝20.4 天，所以应按 20 天安排，表2-6 中计划安排劳动量一栏就是按照每月 20 天的工作计划的。
5. 安排工作进度
1）正式开工时间
按合同规定，正式开工时间为 2006 年 8 月 31 日。
2）重点工程施工进度安排
本工程的重点工程项目有中桥三桥、路基土方工程两项。
全段中桥 3 座计划在 2006 年 8 月 31 日开工到 2007 年 10 月 1 日全部完工，总工期为 260 天。路基土方施工安排在 2006 年 8 月 31 日开工，2007 年 3 月 1 日完工，工期为 120 天，日完工土方量为 1 545 m³。
3）各项工程施工进度安排及具体措施
根据合同工期，经过仔细计算及科学比较，结合实际情况，计划 2006 年 8 月 31 日开工，2007 年 10 月 1 日完工，总工期为 260 天。
水泥石灰稳定土安排在 2007 年 3 月 1 日开工，5 月 31 日完工，工期为 60 天，日完成 284 m²。
水泥稳定碎石基层计划 4 月 25 日开工，6 月 25 日完工，工期为 40 天，日完成 4 519 m²。
沥青混凝土路面计划 6 月 1 日开工，10 月 1 日完工，工期为 80 天，考虑到沥青混合料拌合场日产量 533 m³，理论上可以提前一个月完工，但除去机械维修天数，除去雨季的天数和其他影响因素，10 月 1 日前完工是可行的。
涵洞与路基施工同时进行，计划 2007 年 4 月 30 日全部完工，暗涵必须在路基未成形之前竣工。
为了保证能够按照合同工期的要求，保证质量，按时如期完成，将路基工程、路面工程分成两个施工过程，平行作业，每个工程分部采取流水作业施工。表 2-6 为各专业施工队的施工作业期限安排结果，表中的施工开始时间指当月 1 日，结束时间为当月 30 日（或 31 日）。
问题：根据以上所给资料，绘制该工程斜线式施工进度图。 |

续表

实训内容	
实训总结	

实务三

网络图式施工进度计划编制

一、实训目的与要求

（1）明确网络图式施工进度计划编制的依据。
（2）掌握网络图式施工进度计划编制的方法与步骤。
（3）根据工程项目的开、竣工日期，资源供应情况，主要施工方案等，学会编制网络图式施工进度图。

二、实训步骤与方法

1. 工程任务分解

将一个庞大的工程项目划分为若干个单项工作（工序），或将横道图中各个施工项目（工序）在各个施工段上的操作重新命名为其他工作名称。

2. 确定施工方法

工程任务分解后，即可确定各单项工作的施工方法。

3. 确定施工作业组织方法

应尽量采用流水作业法，或几种作业方法综合运用。

4. 划分施工段

按流水作业法的要求划分施工段，因为这样更容易得到最佳的网络计划。

5. 确定各单项工作（工序）的相互关系

明确单项工作（工序）之间的逻辑关系，即明确指出紧前或紧后工作关系，并列出"工作关系草表"，表格样式见教材。

6. 确定各单项工作的持续时间（流水节拍）

确定各单项工作的持续时间，要估计由于气候或其他原因产生的停工时间。将各单项工作的持续时间（流水节拍）填入"工作关系草表"中。

7. 列表

将前6项内容反复斟酌，确认无不合理之处后，列出正规的"工作关系表"。通常"工作关系表"的内容包括工作代号、工作名称、紧前（紧后）工作、持续时间等。

8. 绘制双代号网络草图

根据"工作关系表"，按照教材中所讲的绘图技巧和绘图方法，绘制双代号网络草图。并进行网络图的计算，找出关键线路，确定计划总工期。

9. 整理成图

经过网络图的计算和反复检查调整，确认工期满足要求，资源基本平衡，将优化后的网络草图合理布局，重新成图。

对于规模较大、内容复杂的网络图，可先规划，分块绘制，再拼接起来，统一检查调整。

三、注意事项

在编制网络图式进度图的过程中，应结合实际的施工条件，注意考虑以下几点：
(1) 各施工项目均应按一定的技术操作程序进行。
(2) 保证工作面和劳动人数的最佳施工组合。
(3) 相邻施工项目之间应有良好的衔接和配合，互不影响工程进度。
(4) 必须保证施工安全和工程质量。
(5) 确定技术间歇时间（混凝土的养生、油漆的干燥等），确定组织间歇时间（施工人员或机械的转移及施工中的检查、校正等属于最小流水步距以外增加的间歇时间）。
(6) 各种施工间歇时间（技术间歇时间、组织间歇时间等），由于不消耗资源，往往容易被忽视。采用网络计划法组织施工时，可以将间歇时间作为一条箭线处理（不消耗资源，但消耗时间，故仍为实箭线）。

四、实训范例

（一）工程概况

六潜高速公路岳西（黄尾）至潜山段是国家重点公路规划中的纵五—东营至香港口岸公路的组成部分，也是安徽省规划"西纵"公路的重要组成部分。

六潜高速公路岳西（黄尾）至潜山段 YQ－03 合同段位于安庆市岳西县头陀镇虎形村境内。起点桩号为 K80+477，依次设置白桑园隧道、白桑园大桥、100 m 路基、英山河大桥、英山河隧道、巴掌湾大桥、巴掌湾隧道后进入岳西县青天乡道义村，止于巴掌湾隧道出口，终点桩号为 K83+138。路线全长 2.661 km，主线上设置分离式大桥 3 座，共 1 634.4 单幅延米；双连拱隧道 1 座，共 170×2 单洞延米；分离式隧道 2 座，共 3 095 单洞延米。合同造价为 1.39 亿元。

（二）主要工程数量

本段主要工程内容包括：路基土石方及附属工程、桥涵工程、隧道工程、大型临时设施等。主要工程数量见表 2-7。

表 2-7　主要工程数量

序	工程项目	单位	数量	备注
一	路基工程			
1	挖方/填方	m^3	56 000/6 400	其中挖石方 45 000 m^3，挖土方 11 000 m^3
2	防护及排水	m^3	962	
二	桥梁工程	单幅延米	1 634.4	

续表

序	工程项目	单位	数量	备注
1	白桑园大桥（左线/右线）	单幅延米	278.2/308.2	左右分离式桥梁，桥梁宽度 2×12 m，双向四车道。左线中心桩号为 ZK80+829，右线中心桩号为 YK80+824，左线 9×30 m，右线 10×30 m。桩基础、空心薄壁桥墩+柱式桥墩、装配式部分预应力混凝土连续箱梁、柱、肋式桥台。 主要工程数量：钻孔桩 62 根（其中 ϕ1.2 m 共 8 根，ϕ1.5 m 共 36 根，ϕ1.8 m 共 18 根）；空心薄壁桥墩 8 座（墩高 26.5~36.0 m），柱式桥墩 9 座；桥台 4 个；预制箱梁 76 片。全桥混凝土总量 1.1 万 m³，普通钢筋 1 134 t，钢绞线 112 t
2	英山河大桥（左线/右线）	单幅延米	367/367	左右分离式桥梁，桥梁宽度 2×12 m，双向四车道。左线中心桩号为 ZK81+233，右线中心桩号为 YK81+232，左、右线桥均为 40+4×70+40 m。桩基础、空心薄壁桥墩、预应力混凝土连续刚构、U 形桥台。 主要工程数量：钻孔桩 52 根（ϕ1.2 m 共 8 根，ϕ1.5 m 共 4 根，ϕ2.0 m 共 40 根）；空心薄壁桥墩 10 座（墩高 15.0~40.2 m）；U 形桥台 4 个；悬浇箱梁 367×2 m。全桥混凝土总量 1.7 万 m³，普通钢筋 3 003 t，精轧螺纹钢 103 t，钢绞线 412 t
3	巴掌湾大桥（左线/右线）	单幅延米	142/172	左右分离式桥梁，桥梁宽度 2×12 m，双向四车道。左线中心桩号为 ZK82+072，左线 5 跨：25+3×30+25 m；右线中心桩号为 YK82+077，右线 6 跨：25+4×30+25 m。桩基础、空心薄壁桥墩、装配式部分预应力混凝土连续箱梁、柱式桥台。 主要工程数量：钻孔桩 44 根（其中 ϕ1.5 m 共 8 根，ϕ1.8 m 共 36 根）；空心薄壁桥墩 9 座（墩高 18~52 m）；桥台 4 个；预制箱梁 44 片。全桥混凝土总量 0.8 万 m³，普通钢筋 1 113 t，钢绞线 56 t
三	隧道工程	单洞延米	3 435	
1	白桑园隧道（双连拱）	单洞延米	170/170	双连拱隧道，隧道净宽 2×10.5 m，双向四车道，净高 7.03 m，建筑界限高度为 5.0 m。起讫桩号为 K80+480~K80+650，长度为 170 m，其中明洞 28 m，V 级浅埋围岩 72 m，V 级深埋围岩 70 m。复合式衬砌。 主要工程数量：开挖硬土 3.1 万 m³，超前导管及注浆砂浆锚杆 7.1 万 m，初期支护钢板、型钢、钢架及钢筋共 557 t，混凝土总量 0.8 万 m³，二次衬砌钢筋 453 t
2	英山河隧道（左线/右线）	单洞延米	565/550	分离式隧道，隧道净宽 2×10.5 m，双向四车道，净高 7.03 m，建筑界限高度为 5.0 m。 左线桩号 ZK81+435~ZK82+000，右线桩号为 YK81+440~YK81+990。其中明洞 46 m，V 级围岩 249 m，Ⅳ 级围岩 280 m，Ⅲ 级围岩 540 m。复合式衬砌。 主要工程数量：开挖硬土 2.6 万 m³，开挖软石 2.8 万 m³，开挖次坚石 4.7 万 m³，超前导管及注浆锚杆 5.3 万 m，初期支护锚杆、钢板、角钢、钢架及钢筋共 760 t，混凝土总量 2.3 万 m³，二次衬砌钢筋 163 t

续表

序	工程项目	单位	数量	备注
3	巴掌湾隧道（左线/右线）	单洞延米	1 007/973	分离式隧道：隧道净宽2×10.5 m，双向四车道，净高7.03 m，建筑界限高度为5.0 m。 左线桩号为ZK82+145～ZK83+152，右线桩号为YK82+165～YK83+138。其中明洞39 m，V级围岩371 m，Ⅳ级围岩160 m，Ⅲ级围岩1 410 m。复合式衬砌。 主要工程数量：开挖硬土4.1万 m^3，开挖软石1.6万 m^3，开挖次坚石12.1万 m^3，超前导管及注浆锚杆8.8万 m，初期支护锚杆、钢板、角钢、钢架及钢筋共1 109 t，混凝土总量2.5万 m^3，二次衬砌钢筋308 t

（三）工期计划目标

合同工期为24个月，2005年9月26日至2007年9月25日。总工期目标为24个月，计划2005年11月1日开工，2007年7月31日竣工，提前56天完工。施工总工期为641天，其中施工准备期为3个月，施工工期为22个月，工程收尾为30天。

（1）第一阶段：施工准备阶段，主要完成施工便道、供水、供电、生活用房、交接桩和本合同段线路复测及控制测量、复核技术资料、混凝土配合比的选择及进场材料的试验、办理征地以及解决通信以及组织机械设备、人员、材料进场等。自2005年8月1日至2005年11月1日，拟用3个月时间。

（2）第二阶段：主体工程施工阶段，主要完成路基土石方工程，桥梁桩基、承台、墩柱、盖梁、箱梁预制或现浇、桥面系等附属工程，隧道开挖、衬砌及洞内路面工程。沥青混凝土路面不属于施工范围。自2005年11月1日至2007年6月30日，拟用22个月时间。主要考虑施工便道施工难度大的影响。

（3）第三阶段：工程收尾移交阶段，主要完成本标段现场清理、修整、竣工资料整理编制及交验等工作。自2007年7月1日至2007年7月31日，拟用31天完成。

（四）具体计划安排

本标段各个工程具体工期计划安排详见施工计划网络图（图2-4）。

五、上交资料

每人上交实训报告一份。

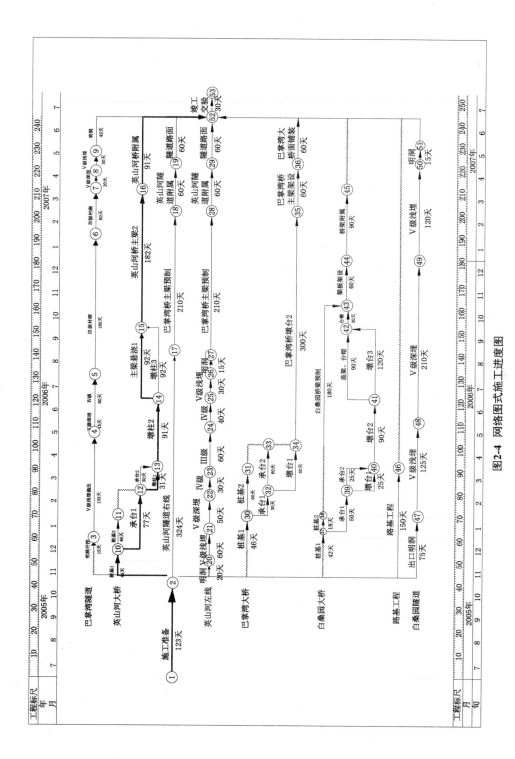

图2-4 网络图式施工进度图

实 训 报 告

日期：	班级：	组别：	姓名：	学号：		
实训任务		绘制网络图式施工进度图			成绩	
实训目的						
实训内容	背景材料： 一、工程概况 营城子至西丰一级公路营城子至伊通河大桥段是吉林省公路网的一部分。路线起点位于伊通县营城子镇长营高速公路终点，终点为伊通河大桥。起点处与长白公路设互通式立体交叉一处，匝道全长3 955.487 m，其中A匝道和B匝道为营西公路主线的连接线，B匝道往伊通河大桥方向单向行驶，A匝道往营城子方向单向行驶，互通范围内长白公路长1 240 m，长东公路长1 311.834 m，将A匝道计入主线总里程，则营城子至伊通河大桥段长1.645 44 km，主线从A匝道（或B匝道终点）算起，至伊通河大桥结束，长度为0.845 864 km，该路线由福财村至伊通河，主要构造物包括：主线有大桥1座，小桥1座，涵洞5道；互通式立体交叉中有跨线桥2座，小桥1座，涵洞6道；其他工程有小桥1座，渡槽1道。 二、气象水文条件 本工程位于辽源地区与四平地区伊通县交界处，地貌为山间河流冲积平地，主要河流为伊通河，地表多为水田，少部分旱田。气候属大陆性气候，夏季短冬季长，结冰期5个月，气候严寒，初雪一般在10月上中旬，终雪在翌年4月上旬，最高月平均气温23 ℃，最低月平均气温－17 ℃，历年最大降雨量880.5 mm，多集中于7、8两月，冬季常刮西北风，夏季转为南风，3、4、5月风力最大3～5级，每年10月中旬至翌年4月中旬为冰冻期，标准冰冻深度1.60 m，根据中国自然区划属Ⅱ$_2$区。 三、合同工期 合同工期要求16个月，即2007年8月1日至2008年11月30日。实际工期15个月，即2007年8月1日至2008年10月31日。 四、主要工程数量 1. 路基土石方 挖土方：39 703 m^3；挖除非适用材料：19 600 m^3；填土方：67 185 m^3；填石方：220 845 m^3。 2. 软土地基处理 换填山皮石38 419 m^3，换填砂砾396 m^3。 3. 路面 （1）15 cm砂砾垫层：37 080 m^2。 （2）石灰水泥稳定山砂底基层：15 cm厚16 261 m^2，20 cm厚33 506 m^2。 （3）石灰、粉煤灰稳定碎石基层：15 cm厚2 700 m^2，25 cm厚46 667 m^2，30 cm厚山皮石基层4 796 m^2。 （4）下封层：49 367 m^2。 （5）黏层：46 587 m^2。 （6）沥青混凝土路面：4 cm SMA－16沥青混凝土上面层46 587 m^2，6 cm AC－25粗粒式沥青混凝土下面层46 587 m^2。 4. 排水防护工程 本段主线共设钢筋混凝土盖板暗涵5道，共96.94 m（无桩基）；互通立交区内共设钢筋混凝土盖板暗涵5道，其中，有桩基暗涵3道，共95.1 m；无桩基暗涵2道，共37.22 m；圆管涵1道，右侧加长5 m；平交道圆管涵2道，共计15.84 m；排水工程量为9 289 m^3；防护工程量为4 781.51 m^3。 5. 桥梁 （1）主线有大桥1座，即伊通河大桥，中心桩号为MK0＋800.54，跨径为9～20 m，上部结构为预应力钢筋混凝土空心板，下部结构为肋板式墩、柱式台、钻孔灌注桩基础，交角为90°。 小桥1座，中心桩号为MK0＋034.1，1孔13 m，交角为75°，上部结构为预应力钢筋混凝土空心板，下部为轻型桥台、扩大基础。						

	(2) 互通立交内有2座跨线桥，分别是LK0+764.4桥，跨径为（20+25+25+20）m，桥面净宽为15.75 m，全长94.24 m，上部构造为后张法预应力钢筋混凝土箱梁，下部构造为柱式桥墩、肋板式台、钻孔灌注桩基础；AK0+254.36桥，跨径为4孔20 m，桥面净宽为11 m，全长85.04 m，上部构造为先张法预应力钢筋混凝土空心板，下部构造为肋板式台、柱式墩、钻孔灌注桩基础。 小桥BK0+400为原桥加宽，孔径为1孔8 m，全长15.51 m，交角为70°，上部结构为钢筋混凝土空心板，下部结构为轻型桥台、扩大基础。 (3) 村道改线段有小桥1座，中心桩号为XK0+101，孔径为1孔10 m，全长17.54 m，交角为80°，上部结构为钢筋混凝土空心板简支梁，下部结构为轻型桥台、扩大基础。 五、工程进度计划安排 1. 路基土石方 挖土方：2007年8月10日至2007年10月31日。 改渠挖方：2007年8月10日至2007年10月25日。 填前处理：2007年8月10日至2007年9月20日，有效施工天数为30天。 填土方：2007年8月10日至2007年10月31日，2008年3月15日至2008年6月10日，有效施工天数为133天，日进度为505 m³。 填石方：2007年8月15日至2007年11月30日，2008年3月1日至2008年7月15日，有效施工天数为200天，日进度为1 104 m³。 2. 桥梁工程 第一作业组：伊通河大桥。 桥梁基础：2007年8月10日至2007年9月30日（直径1.0 m钻孔桩12根，直径1.3 m钻孔桩24根，钻孔桩混凝土682.84 m³，承台、连系梁混凝土155.028 m³），有效施工天数为40天。 桥梁下部：2007年9月10日至2007年10月31日，2008年4月1日至2008年5月30日（墩台及盖梁混凝土274.7 m³），有效施工天数为90天。 第二作业组：跨线桥LK0+764。 下部工程：2007年8月10日至2007年10月31日，2008年4月1日至2008年5月10日（1.5 m钻孔桩42根，下部混凝土1 102.31 m³），有效施工天数为95天。 第三作业组：跨线桥AK0+254.36。 下部工程：2007年8月10日至2007年10月31日，2008年4月1日至2008年5月10日（1.5 m钻孔桩9根，1.2 m钻孔桩12根，下部混凝土821.35 m³），有效施工天数为95天。 第四作业组：小桥MK0+034.1，小桥XK0+101互通立交中小桥BK0+400加宽及10道盖板涵洞、1道圆管涵、1座渡槽。 小桥下部：2007年8月15日至2007年10月31日，有效施工天数为35天。 盖板涵及圆管涵施工：2007年8月15日至2007年10月15日，有效施工天数为50天。 盖板安装：2007年10月1日至2007年10月31日，有效施工天数为25天。 第五作业组：预制场箱梁、空心板及涵洞盖板预制。 盖板预制：2007年8月15日至2007年9月30日，有效施工天数为35天。 空心板预制：2007年8月20日至2007年9月30日，有效施工天数为30天，10 m空心板为18片，8 m空心板为12片，计划日进度为1片。 预应力空心板预制：2007年9月1日至2007年10月31日，2008年4月1日至2008年6月30日，20 m预应力空心板为156片，有效施工天数为130天，计划日进度为1.2片。 预应力箱梁预制：2008年4月1日至2008年7月30日，20 m预应力箱梁为48片，25 m预应力箱梁为48片，有效施工天数为100天，计划日进度为0.5片。 箱梁安装：2008年7月1日至2008年8月31日，有效施工天数为50天。 空心板安装：2008年7月1日至8月31日，有效施工天数为50天。 **桥面铺装及桥头搭板**：2008年8月1日至2008年9月15日，**有效施工天数为35天**。

行标题：实训内容

实训内容	**3. 路面工程** 砂砾垫层：2008年5月1日至2008年7月20日，有效施工天数为60天，日进度为608 m²。 石灰、粉煤灰稳定山砂底基层：2008年6月15日至2008年8月5日，有效施工天数为40天，日进度为1 244 m²。 石灰、粉煤灰碎石基层：2008年7月1日至2008年8月15日，有效施工天数为35天，日进度为1 333 m²。 下封层：2008年8月15日至2008年8月25日，有效施工天数为8天，日进度为6 170 m²。 黏层：2008年9月10日至2008年10月25日，有效施工天数为35天，日进度为1 331 m²。 沥青混凝土下面层：2008年8月20日至2008年9月10日，有效施工天数为15天，日进度为3 102 m²。 沥青混凝土上面层：2008年9月20日至2008年10月10日，有效施工天数为15天，日进度为3 106 m²。 **4. 防护排水工程** 改河河道铺砌：2007年8月15日至2007年10月30日，有效施工天数为60天，平均日进度为69 m³。 护坡：2008年7月1日至2008年9月30日，有效施工天数为65天，平均日进度为28 m³。 边沟及急流槽：2007年8月15日至2007年10月30日，2008年5月1日至2008年6月30日，有效施工天数为110天，平均日进度为47 m³。 锥坡：2008年5月1日至2008年8月30日，有效施工天数为100天，施工日进度为14 m³（预制及现浇混凝土）。 问题：根据以上所给资料，绘制该工程网络图式施工进度图。

续表

实训内容	
实训总结	

第三部分 资源供应计划编制实务

实务一

劳动力需要量计划编制

一、实训目的与要求

（1）明确劳动力需要量计划编制的原则。
（2）叙述劳动力需要量计划的编制方法及编制程序。
（3）熟知组建施工作业班组的一般要求。
（4）正确计算施工项目的劳动力需要量。
（5）能够准确编制劳动力需要量计划。

二、实训方法与步骤

（一）劳动力需要量计划的编制方法

1. 收集基础资料

基础资料主要包括设计部门提供的工程项目设计资料、施工部门提供的施工组织设计资料、财务部门提供的年度资金使用计划和本部门规定的劳动消耗定额。

2. 编制劳动力需要量计划纲要

根据施工对象和采用的施工方法确定所需劳动力的种类，按需编制劳动力需要量计划纲要。

3. 计算每个施工项目单位时间的劳动力需要量

根据相应工程项目的工程数量和规定使用的劳动定额计算完成工程所需的劳动力总需要量，再除以施工进度计划中该施工项目的作业周期（实际作业天数），则得每个施工项目每天的劳动力需要量。计算过程中应考虑节假日、雨雪天和施工方法不同对劳动力数量产生的影响。

4. 累计汇总

将同一时段内各施工项目相同的劳动力需要数量相加，即该时段的劳动力总需要量，然后填写表格。

5. 编制劳动力需要量计划表格

劳动力需要量计划表格的内容应根据相应项目的工程数量及劳动力供应情况进行编制。一般包括序号、工种、人数、年季度劳动力需要数量及计划使用时间等。

6. 平衡和优化劳动力资源

根据计算所得的劳动力总需要量、资金使用计划及施工进度计划平衡和优化劳动力资源。

(二) 劳动力需要量计划的编制步骤

劳动力需要量计划一般可分为三个阶段编制,编制时应结合进度计划和资金流量,切合实际,考虑周全。

1. 准备阶段

调查企业内外部可供利用的劳动力数量,熟悉分部分项工程的施工顺序及其施工方法,了解各分部分项工程的劳动消耗定额,理解施工组织设计和进度计划的主要内容,进行劳动力需要量的估算与预测。

2. 编制阶段

根据各分部分项工程的工程量、可供利用的劳动力数量和进度计划中已经确定的分部分项工程的作业周期,核算劳动力需要数量,然后根据工期目标进行劳动力资源的平衡和优化。

3. 执行阶段

根据施工进度计划的执行调整情况,适时调整劳动力资源供应计划,满足施工需要。

三、注意事项

(1) 编制劳动力需要量计划时,应遵循国家的相关法律、法规等法令性条文的规定。
(2) 了解市场、掌握市场,按照市场规律编制劳动力需要量计划。
(3) 因地制宜,按照市场供求规律编制劳动力供应计划。
(4) 根据甲方的合同要约编制劳动力供应计划。
(5) 尽量组织工程所在地的劳动力资源,以减小劳动力调运成本。
(6) 劳动力供应计划应与施工进度计划相适宜,并有一定的预见性储备或留有余地。
(7) 结合施工企业的流动资金状况编制切实可行的劳动力供应计划。
(8) 编制劳动力计划时应以满足施工质量、安全和进度等需要为前提。

四、实训范例

(一) 工程概述

1. 概述

国道 203 线单家围子至金宝屯段一级公路是吉林省 30 年路网规划"四纵、三横、两环"主骨架中纵向干道的一部分,是国家重点公路加格达奇至锦州公路在吉林省境内的重要路段。它的实施,对完善国家路网,促进国民经济的发展具有重要意义,对振兴东北老工业基地,增进整个东北地区的联系,带动吉林省的经济发展具有重要的作用。

第 08 合同段起点桩号为 K201+000,终点桩号为 K225+030,全长 24.03 km,为一级公路,路基宽度为 26 m。本标段沿线设通道 1 处,互通式立体交叉 1 处,小桥 3 座,盖板涵 8 道。

2. 本工程主要工程数量

1) 路基工程

本段路基土方工程量为 699 209 m^3，其中路基挖方为 302 454 m^3，路基利用土方为 302 454 m^3，借土填方为 396 755 m^3。

2) 路面工程

(1) 砂砾垫层：本合同段人工砂砾垫层工程数量为 33 296 m^2。

(2) 底基层：本合同段路面底基层为石灰、粉煤灰稳定土（掺加 1/10 水泥），厚 200 mm 石灰、粉煤灰稳定土数量为 215 015 m^2；厚 250 mm 石灰、粉煤灰稳定土数量为 85 856 m^2。

(3) 基层：本合同段基层为石灰、粉煤灰稳定碎石，厚度为 300 mm 的基层数量为 286 277 m^2；厚度为 200 mm 的基层数量为 12 769.02 m^2。

(4) 透、黏层：本合同段透层数量为 299 046 m^2，黏层数量为 271 989 m^2。

(5) 下面层：本合同段下面层为厚 60 mm 粗粒式沥青混凝土，数量为 270 685 m^2。

(6) 上面层：本合同段上面层为厚 40 mm 沥青玛琋脂碎石混合料，数量为 271 337 m^2。

3) 桥涵工程

本合同段全线共设钢筋混凝土空心板梁桥 3 座，结构形式上部为钢筋混凝土空心板，下部为轻台、打入桩基础，全长 33.22 m，中心桩号分别为 K205+450，K209+372，K210+118。

通道 1 座，结构形式上部为钢筋混凝土空心板，下部为轻型台扩大基础。中心桩号为 K203+964，全长 13.74 m。

4) 排水、防护工程

本合同段排水工程数量为边沟 32 328 m，急流槽 5.85 m^3；防护工程数量为预制混凝土护坡 1 416.7 m^3，现浇混凝土护坡 3 716.9 m^3，蒸发池挖方 5 774.9 m^3。

3. 各分项工程的施工顺序

根据本工程工作内容多、地形复杂的特点，施工中应突出抓重点、难点项目。根据现场实际情况，制定先进的施工工艺，合理编排工序，运用科学的管理手段和网络技术，组织多工序平行作业，确保按计划工期完工。具体施工顺序安排如图 3-1 所示。

4. 施工进度安排

本合同段招标文件规定业主要求工期为 2003 年 10 月至 2005 年 9 月，路面基层于 2004 年 8 月末前完成；路面面层（含桥面）工程在 2005 年 8 月末前完成；其他附属工程于 2005 年 9 月 15 日前结束。投标人计划路基土方工程于 2004 年 8 月 20 日前完成，桥涵工程于 2004 年 8 月 10 日前结束，路面底基层于 2004 年 8 月 30 日前完成，路面工程于 2005 年 8 月 15 日前完成，比业主要求总工期提前 15 天。该工程施工总体形象进度图如图 3-2 所示。

各分项工程施工进度计划安排如下：

(1) 施工准备：2003 年 10 月 5 日至 2003 年 11 月 20 日（主要人员、设备进场，临时设施的搭建，拌合场的筹建，场地清理，施工便道、便桥的修建等）。

(2) 路基施工。

①路基填前处理：2003 年 10 月 15 日至 2004 年 5 月 25 日。

②路基挖方：2004 年 5 月 1 日至 2004 年 6 月 20 日。

③路基填方：2004 年 5 月 1 日至 2004 年 8 月 20 日。

(3) 桥涵施工：2004 年 4 月 10 日至 2004 年 8 月 10 日。

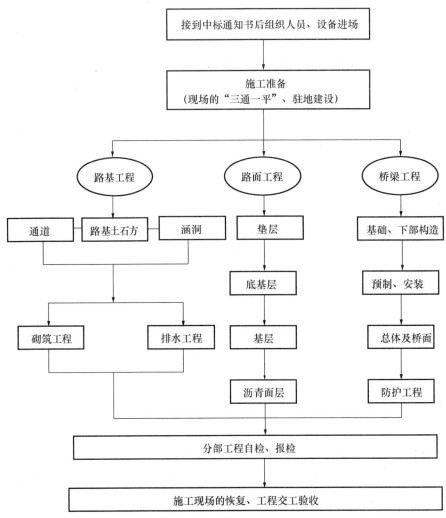

图 3-1 施工顺序安排

①开挖基础：2004 年 4 月 20 日至 2004 年 5 月 30 日。
②打入桩预制：2004 年 4 月 10 日至 2004 年 5 月 10 日。
③打入桩基础施工：2004 年 5 月 1 日至 2004 年 5 月 30 日。
④基础及下部施工：2004 年 4 月 25 日至 2004 年 7 月 20 日。
⑤空心板及盖板预制：2004 年 4 月 20 日至 2004 年 7 月 10 日。
⑥空心板及盖板安装：2004 年 6 月 25 日至 2004 年 7 月 30 日。
⑦桥面铺装：2004 年 7 月 10 日至 2004 年 8 月 10 日。
（4）路面工程。
①石灰、粉煤灰稳定土底基层：2004 年 7 月 1 日至 2004 年 8 月 30 日。
②石灰、粉煤灰稳定碎石基层：2005 年 5 月 1 日至 2005 年 6 月 30 日。
③粗粒式沥青混凝土下面层：2005 年 5 月 20 日至 2005 年 7 月 10 日。
④沥青玛琋脂碎石上面层：2005 年 7 月 15 日至 2005 年 8 月 15 日。
（5）排水及防护工程：2004 年 6 月 1 日至 2005 年 6 月 30 日。

年度	2003年						2004年												2005年									
主要工程项目 \ 月份	10	11	12	1	2	3	4	5	6	7	8	9	10	11	12	1	2	3	4	5	6	7	8	9
1. 施工准备																								
2. 路基处理																								
3. 路基填筑																								
4. 涵洞																								
5. 通道																								
6. 排水及防护																								
7. 路面底基层																								
路面基层																								
8. 路面铺筑																								
9. 桥梁工程																								
(1)基础工程																								
(2)墩台工程																								
(3)梁体预制																								
(4)梁体安装																								
(5)桥面铺装																								

图3-2 施工总体形象进度图（横线图）

· 71 ·

(二) 工作任务

试确定该工程项目的劳动力需要量计划。

解析：

根据施工进度图中的时间坐标进程，逐月统计每月已（或应）开工的施工任务（平行作业）的个数，并确定各施工任务的开工和结束时间；逐月汇总各施工任务（指每月平行作业的施工任务）的每班平均人数，即可得到各季度的劳动力需要量，并编制相应的劳动力需要量计划，见表 3-1。

表 3-1 劳动力需要量计划

名称		高峰人数	2003 年	2004 年				2005 年		
			四季度	一季度	二季度	三季度	四季度	一季度	二季度	三季度
管理人员		17	17	17	17	17	12	12	17	17
工程技术人员		35	35	35	35	35	20	20	25	25
技术工人	试验人员	6	6	6	6	6	6	6	6	6
	测量人员	6	6	6	6	6	6	6	6	6
	电焊工	5	5	5	5	5	2	1	1	1
	钢筋工	4	4	4	4	4				
	混凝土工	5	5	5	5	5	2	2	2	2
	木工	10	10	10	10	10	3	3	3	3
	起重工	3	3	3	3	3				
	修理工	2	2	2	2	2	2	2	2	2
技术工人	压路机司机	30	30	30	30	30	5	10	18	15
	推土机司机	12	12	12	12	12	5	5	6	3
	挖掘机司机	7	7	7	7	7	2	2	1	1
	平地机司机	5	5	5	5	5	2	1	1	
	装载机司机	10	10	10	10	10	4	4	8	6
	汽车司机	130	40	130	130	130	60	50	80	50
	普通工	400	400	400	400	370	80	80	120	100

五、上交资料

每人上交实训报告一份。

实 训 报 告

日期：		班级：		组别：		姓名：		学号：	

实训任务	劳动力需要量计划的编制		成绩	
实训目的				
实训内容	背景材料： 1. 工程概况 广西×××公路是国道主干线重庆至湛江公路的重要组成部分，其中 No.2 标北起 HC 市都安县保平乡，起点桩号为 K132+000，路线经过拉友、板旺、光隆、坝牙，终点为耀南，终点桩号为 K160+131，全长 28.1 km。本项目部主要承揽路面工程施工任务，合同工期为 335 日历日。 结构形式：26 cm 水泥混凝土路面，路面宽度为 14.0 m；浆砌片石路肩，路肩宽度为 0.5 m；路面基层为 18 cm 水泥稳定碎石，基层宽度为 14.5 m（全填）或 14.0 m（全挖）或 14.25 m（半填半挖）；路面底基层为 16 cm 级配碎石，与 95 区顶同宽，即 15 m。 设计标准及主要技术指标：设计行车速度为 60 km/h，路基宽为 15 m，土路肩宽为 0.5 m，水泥混凝土路面厚为 26 cm，平曲线最小半径为 135 m，最大纵坡为 7%，最大超高为 8%。设计荷载为汽车超—20 级，挂车—120 级。 2. 各施工段分项工程（工艺顺序）划分 各施工段分项工程包括水泥混凝土面层、封油层、水泥稳定碎石基层、级配碎石底基层和浆砌片石路肩 5 个分项工程。 3. 进度计划安排 底基层：2004 年 12 月 1 日至 2005 年 6 月 30 日。 基层：2005 年 3 月 10 日至 2005 年 9 月 26 日。 面层：2005 年 5 月 1 日至 2005 年 11 月 2 日。 路面工程施工进度计划如图 3-3 所示。			

序号	施工项目	工程量/m²	2004年		2005年										
			11	12	1	2	3	4	5	6	7	8	9	10	11	12
1	底基层	434 000		30人												
2	基层	427 000							40人							
3	面层	392 000									70人					
劳动力需要量分布图				30		70			140			110		70		

图 3-3　路面工程施工进度计划

问题：试确定该路面工程项目的劳动力需要量计划。

提示：根据施工进度图中的时间坐标进程，逐月统计每月已开工的施工项目（平行作业）的个数，并确定各施工项目的开工和结束时间；逐月汇总施工项目的每班平均人数，即可绘制劳力资源分布图，如图 3-3 所示，再编制劳动力需要量计划。

续表

实训内容	
实训总结	

实务二

施工机具与设备需要量计划编制

一、实训目的与要求

（1）明确施工机具与设备需要量计划编制的原则。
（2）知道主要施工机具与设备需要量计划的编制方法。
（3）能够正确计算分部分项工程施工机具与设备的需要量。
（4）正确编制主要施工机具与设备的需要量计划。

二、实训方法与步骤

（一）施工机具与设备需要量计划的编制方法

1. 收集基础资料

基础资料主要包括设计部门提供的工程项目设计资料、施工部门提供的施工组织设计资料、财务部门提供的年度资金使用计划和本部门规定的机械消耗定额。

2. 编制施工机具与设备需要量计划纲要

根据施工对象和采用的施工方法确定所需施工机具与设备的规格、种类，按需编制施工机具与设备需要量计划纲要。

3. 计算每个施工项目单位时间的施工机具与设备需要量

根据相应工程项目的工程数量和规定使用的机械消耗定额计算完成工程所需的施工机具、设备总需要量，再除以施工进度计划中该施工项目的作业周期（实际作业天数），则得每个施工项目每天的施工机具、设备需要量。

4. 累计汇总

将施工进度计划表中的每个施工过程、每天所需的机械类型、数量和施工工期进行汇总，以得出施工机具、设备需要量计划，然后填写表格。

5. 编制施工机具、设备需要量计划表格

施工机具、设备需要量计划表格的内容应根据相应项目的工程数量及施工机具、设备供应情况进行编制。一般包括：序号，机具设备名称及规格，年、季度施工机具、设备消耗的台班及台数，施工机具、设备的总需要数量及进退场时间等。

6. 平衡和优化施工机具、设备

根据计算所得的施工机具、设备总需要量，资金使用计划及施工进度计划平衡和优化施工机具、设备。

（二）施工机具与设备需要量计划的编制步骤

（1）首先根据施工进度图中的时间坐标进程，逐月统计每月已（或应）开工的施工任务（平行作业）的个数，并确定和记录各施工任务的开工和结束时间。

（2）确定机械种类及计算需要量。

①查《公路工程预算定额》，确定机械种类及其台班消耗量。

②计算机械作业量。按各施工任务的实际工程量和相应机械台班消耗定额列出完成该任务需要的机种，并分别计算各种机械的作业量。

③确定机械需要量。根据相关公式及各种机械的作业量、作业周期并考虑作业班制及工作面等条件，确定完成每项施工任务的各种机械需要量。

施工主导机械的每日需要量确定后，其他辅助机械可根据施工组织情况或采取必要的施工组织措施调整每日需要量，但不管如何调整，都要保证主导机械效率的最大化。

④按以上方法确定每一项施工任务的机种及各机种的作业量和每天需要台数，再逐月汇总各施工任务（指每月平行作业的施工任务）需要的相同机种及其每日需要台数，即可制订出整个合同段的主要机具、设备计划。

三、注意事项

（1）编制施工机具、设备需要量计划时应遵循国家的相关法律、法规等法令性条文的规定。

（2）按工程设计所提供的工程质量标准，正确选用施工机具、设备的品种、规格并能满足施工的需要。

（3）因地制宜，按照市场供求规律编制施工机具、设备供应计划。

（4）根据甲方的合同要约编制施工机具、设备供应计划。

（5）编制施工机具、设备需要量计划时，应统筹考虑拥有、租赁及购买三者之间的关系。

（6）施工机具、设备供应计划应与施工进度计划相适宜，并有一定的预见性储备或留有余地。

（7）结合施工企业的流动资金状况编制切实可行的施工机具、设备供应计划。

（8）编制施工机具、设备计划时，应以满足施工质量、安全和进度等需要为前提。

四、实训范例

（一）工程概述

1. 工程概况

吉林×××公路是国道主干线鹤岗至大连公路的重要组成部分，其中 No.3 标西起 KH 市安保县城南乡，起点桩号为 K132+000，路线经过万隆、林泉、兴盛、宏盛，终点为北湾，终点桩号为 K160+131，全长 28.1 km。本项目部主要承揽路面工程施工任务，合同工期为 335 日历日。

路面结构形式：28 cm 水泥混凝土路面，路面宽度为 24.0 m；浆砌片石路肩，路肩宽度为 0.5 m；路面基层为厚 18 cm 5% 的水泥稳定砂砾，基层宽度为 24.5 m（全填）或 24.0 m（全挖）或 24.25 m（半填半挖）；路面底基层为 16 cm 级配砾石，底基层宽度为 25 m。

设计标准及主要技术指标：设计行车速度为 80 km/h，路基宽为 25 m，土路肩宽为 0.5 m，水泥混凝土路面厚为 28 cm，平曲线最小半径为 280 m，最大纵坡为 5%，最大超高为 4%。设计荷载为汽车超—20 级，挂车—120 级。

2. 施工方法

（1）级配砾石路面底基层采用机械铺料、拖拉机带铧犁拌和的施工方法，压路机碾压。

（2）水泥稳定砂砾基层采用厂拌法施工，摊铺机分两幅摊铺（12.5 m 以内稳定土摊铺机摊铺），压路机碾压。同时，水泥稳定砂砾混合料采用 15 t 以内自卸车运输，平均运距为 12 km。

（3）路面面层采用混凝土搅拌楼拌和、滑模式混凝土摊铺机摊铺，并采用 8 t 以内自卸车运送混凝土，平均运距为 8 km。

3. 进度计划

路面工程施工进度计划如图 3-4 所示。

序号	施工项目	工程量/m²	2004年		2005年										
			11	12	1	2	3	4	5	6	7	8	9	10	11	12
1	底基层	702 500		20人											
2	基层	688 450					30人								
3	面层	674 400							60人						

图 3-4 某路面工程施工进度计划

（二）工作任务

试确定路面工程项目的主要机械需要量计划。

解析：

（1）根据施工进度图中的时间坐标进程，逐月统计每月已（或应）开工的施工任务（平行作业）的个数，并确定各施工任务的开工和结束时间。

底基层：2004 年 12 月 1 日至 2005 年 6 月 30 日，计划工期为 210 天。

基层：2005 年 3 月 10 日至 2005 年 9 月 26 日，计划工期为 196 天。

面层：2005 年 5 月 1 日至 2005 年 11 月 2 日，计划工期为 182 天。

（2）进一步明确各项施工任务的施工方法，查《公路工程预算定额》确定每项施工任务的机械种类（本例未考虑拌合站的安装与拆除，路面钢筋及封油层的机具、设备资源消耗）。

①底基层：级配砾石厚 16 cm，采用机械铺料，拖拉机带铧犁拌和，压路机碾压。查《公路工程预算定额》[133-2-2-3-9+12×8]"级配砾石路面"知，完成该施工任务需要的机械为：

120 kW 自行式平地机   0.28 台班/1 000 m²；

75 kW 履带式拖拉机　　　　　　　　0.27 台班/1 000 m²；
6～8 t 光轮压路机　　　　　　　　　0.14 台班/1 000 m²；
12～15 t 光轮压路机　　　　　　　　1.09 台班/1 000 m²；
6 000 L 以内洒水车　　　　　　　　 0.36 台班/1 000 m²。

②基层：水泥稳定砂砾厚 18 cm，厂拌法施工，摊铺机分两幅摊铺，压路机压实。查《公路工程预算定额》[109-2-1-7-3+4×3]"厂拌基层稳定土混合料"和[121-2-1-9-11]"机械铺筑厂拌基层稳定土混合料"可知，完成该施工任务需要的机械为：

3.0 m³ 以内轮胎式装载机　　　　　0.56 台班/1 000 m²；
6～8 t 光轮压路机　　　　　　　　　0.14 台班/1 000 m²；
12～15 t 光轮压路机　　　　　　　　1.27 台班/1 000 m²；
300 t/h 以内稳定土厂拌设备　　　　0.30 台班/1 000 m²；
12.5 m 以内稳定土摊铺机　　　　　 0.18 台班/1 000 m²；
6 000 L 以内洒水车　　　　　　　　 0.31 台班/1 000 m²。

混合料运输的平均运距为 12 km，查《公路工程预算定额》[120-2-1-8-21+24×22]"厂拌基层稳定土混合料运输"知：

15 t 以内自卸车：5.90＋(12－1)/0.5×0.56＝18.22（台班/1 000 m³）＝3.28（台班/1 000 m²）。

③面层：混凝土面层厚 28 cm，搅拌楼拌和、滑模式混凝土摊铺机摊铺。查《公路工程预算定额》[173-2-2-17-5+6×8]"水泥混凝土路面"知：

3.0 m³ 以内轮胎式装载机　　　　　1.30 台班/1 000 m²；
滑模式水泥混凝土摊铺机　　　　　　0.53 台班/1 000 m²；
混凝土电动刻纹机　　　　　　　　　8.91 台班/1 000 m²；
混凝土电动切缝机　　　　　　　　　3.82 台班/1 000 m²；
6 m³ 以内混凝土搅拌运输车　　　　 3.86 台班/1 000 m²；
60 m³/h 以内混凝土搅拌站　　　　　0.91 台班/1 000 m²；
6 000 L 以内洒水车　　　　　　　　 1.90 台班/1 000 m²。

8 t 以内自卸车运送混凝土平均运距 8 km，查《公路工程预算定额》[178-2-2-19-9+11×14]"自卸汽车运输水泥混凝土"知：

8 t 以内自卸车：11＋1.25×14＝28.5（台班/1 000 m³）＝7.98（台班/1 000 m²）。

(3) 确定机械需要量。根据以下公式计算施工机械需要量，可采用列式法进行计算。

施工项目机械台班消耗量（作业量）＝施工项目工程数量×台班消耗定额　　　(3-1)

施工项目单位时间机械需要量（台/天）＝施工项目机械台班消耗量（台班）/施工项目作业周期（天）　　　(3-2)

①底基层每日机械需要量。

120 kW 自行式平地机：(702 500÷1 000)×0.28÷210＝0.94（台/天）→1 台；

75 kW 履带式拖拉机：(702 500÷1 000)×0.27÷210＝0.90（台/天）→1 台；

6～8 t 光轮压路机：(702 500÷1 000)×0.14÷210＝0.47（台/天）→0 台；

12～15 t 光轮压路机：(702 500÷1 000)×1.09÷210＝3.65（台/天）→4 台振动压路机；

6 000 L 以内洒水车：(702 500÷1 000)×0.36÷210＝1.20（台/天）→1 台。

②基层每日机械需要量。

3.0 m³ 以内轮胎式装载机：(688 450÷1 000)×0.56÷196＝1.97（台/天）→2 台；

6～8 t 光轮压路机：(688 450÷1 000)×0.14÷196＝0.49（台/天）→0 台；

12～15 t 光轮压路机：(688 450÷1 000)×1.27÷196＝4.46（台/天）→4 台振动压路机；

300 t 以内稳定土厂拌设备：(688 450÷1 000)×0.30÷196＝1.05（台/天）→1 台；

12.5 m 以内稳定土摊铺机：(688 450÷1 000)×0.18÷196＝0.63（台/天）→1 台；

6 000 L 以内洒水车：(688 450÷1 000)×0.31÷196＝1.09（台/天）→1 台；

15 t 以内自卸车：(688 450÷1 000)×3.28÷196＝11.52（台/天）→12 台。

③面层每日机械需要量。

3.0 m³ 以内轮胎式装载机：(674 400÷1 000)×1.3÷182＝4.82（台/天）→5 台；

滑模式水泥混凝土摊铺机：(674 400÷1 000)×0.53÷182＝1.96（台/天）→2 台；

混凝土电动刻纹机：(674 400÷1 000)×8.91÷182＝33.02（台/天）→两班制各 17 台；

混凝土电动切缝机：(674 400÷1 000)×3.82÷182＝14.15（台/天）→两班制各 7 台；

6 m³ 以内混凝土搅拌运输车：(674 400÷1 000)×3.86÷182＝14.30（台/天）→两班制各 7 台；

60 m³/h 以内混凝土搅拌站：(674 400÷1 000)×0.91÷182＝3.37（台/天）→3 台；

6 000L 以内洒水车：(674 400÷1 000)×1.90÷182＝7.04（台/天）→两班制各 4 台；

8 t 以内自卸车：(674 400÷1 000)×7.98÷182＝29.56（台/天）→30 台。

（4）编制施工机具、设备需要量计划表。列出完成各分部分项工程所需的机械种类和每日需要量，逐月汇总各施工任务（指每月平行作业的施工任务）施工时需要的相同机种及其台数和每日需要台数，即可制订出整个施工项目的机具、设备计划，见表 3-2。

五、上交资料

每人上交实训报告一份。

表 3-2 某路面工程施工机械需要量计划

机种名称	施工任务	规格型号	开工时间	完工时间	2004年 11	2004年 12	2005年 1	2005年 2	2005年 3	2005年 4	2005年 5	2005年 6	2005年 7	2005年 8	2005年 9	2005年 10	2005年 11	备注
平地机	底基层	120 kW	2004-12-01	2005-06-30		1	1	1	1	1	1	1						主导
拖拉机	底基层	75 kW	2004-12-01	2005-06-30		1	1	1	1	1	1	1						
压路机	底基层	20 t 振动	2004-12-01	2005-06-30		4	4	4	4	4	4	4						
	基层		2005-03-10	2005-09-26					4	4	4	4	4	4	4			
装载机	基层	3.0 m³	2005-03-10	2005-09-26					2	2	2	2	2	2	2			
	面层		2005-05-01	2005-11-02							5	5	5	5	5	5	5	
稳定土厂拌站	基层	300 t	2005-03-10	2005-09-26					1	1	1	1	1	1	1			主导
稳定土摊铺机	基层	12.5 m	2005-03-10	2005-09-26					1	1	1	1	1	1	1			
混凝土运输车	面层	6 m³	2005-05-01	2005-11-02							7	7	7	7	7	7	7	
混凝土拌合站	面层	60 m³/h	2005-05-01	2005-11-02							3	3	3	3	3	3	3	
滑模摊铺机	面层		2005-05-01	2005-11-02							2	2	2	2	2	2	2	主导
电动刻纹机	面层		2005-05-01	2005-11-02							17	17	17	17	17	17	17	
电动切缝机	面层		2005-05-01	2005-11-02							7	7	7	7	7	7	7	
洒水车	底基层	6 000 L	2004-12-01	2005-06-30		1	1	1	1	1	1	1						
	基层		2005-03-10	2005-09-26					1	1	1	1	1	1	1			
	面层		2005-05-01	2005-11-02							4	4	4	4	4	4	4	
自卸车	基层	15 t	2005-03-10	2005-09-26					12	12	12	12	12	12	12			组合
	面层	8 t	2005-05-01	2005-11-02							30	30	30	30	30	30	30	组合

实 训 报 告

日期：　　　　班级：　　　　组别：　　　　姓名：　　　　学号：

实训任务	施工机具与设备需要量计划的编制	成绩	
实训目的			
实训内容	背景材料： 1. 工程概况 　　镇赉至嘎什根公路位于吉林省的西北部地区，起于白城市镇赉县镇赉镇，止于镇赉县与黑龙江省泰来县交界处。该公路是镇赉通往黑鱼泡、莫莫格、五棵树、嘎什根、丹岱、东方红农场、大屯、沿江和莫台等乡镇和农场的必经之路，是白城市公路网中的一条主要公路，是镇赉县东部沿江经济区的重要纽带，也是黑、吉二省西部经济发展的重要运输通道。 　　本路段公路属于镇赉至嘎什根公路02标，公路自然区划为Ⅱ₁区，起点桩号为K42+700，终点桩号为K45+500，全长2.8 km。本项目部主要承揽路面工程的施工任务。 　　路面结构形式：路基宽12 m，路面上面层采用4 cm中粒式沥青混凝土（DAC-16），宽度为11 m，面积为3 080 m²；下面层采用6 cm粗粒式沥青混凝土（DAC-25），宽度为11 m，面积为3 080 m²；基层采用25 cm水泥稳定碎石（水泥剂量5%），宽度为11.50 m，面积为32 200 m²；底基层采用35 cm石灰土（石灰剂量10%），宽度为12 m，面积为33 600 m²。 　　设计标准及主要技术指标：设计行车速度为80 km/h，路线等级为平原微丘区二级公路，全部为旧路改建工程。路基宽为12 m，路面宽为10.5 m。土路肩为2×0.75 m。路面横坡为2%，土路肩横坡均为3%。 2. 施工方法 　　(1) 石灰土路面底基层采用路拌法施工，稳定土拌合机拌和，压路机碾压。 　　(2) 水泥稳定碎石基层采用厂拌法施工，稳定土摊铺机分两幅摊铺（7.5 m以内稳定土摊铺机摊铺混合料），压路机碾压。同时，水泥稳定碎石混合料采用12 t以内自卸车运输，平均运距为10 km。 　　(3) 沥青混凝土路面面层采用6.0 m以内沥青混合料摊铺机摊铺，沥青混合料拌和设备生产能力为120 t/h；并采用20 t以内自卸车运送沥青混凝土，平均运距为12 km（不考虑拌合站的安装与拆除及封油层的机具、设备资源消耗）。 3. 进度计划 路面工程施工进度计划如图3-5所示。		

序号	施工项目	工程量/m²	2008年											
			1	2	3	4	5	6	7	8	9	10	11	12
1	底基层	33 600				20人								
2	基层	32 200						30人						
3	面层	6 160							50人					

图3-5　路面工程施工进度计划

问题：试确定该路面工程项目的主要机械需要量计划。

提示：列出完成各分部分项工程所需的机械种类和每日需要量，逐月汇总各施工任务（指每月平行作业的施工任务），施工时需要的相同机种及其台数和每日需要台数，即可制订出整个施工项目的机具、设备计划。

续表

实训内容	
实训总结	

实务三

材料需要量计划编制

一、实训目的与要求

(1) 明确主要材料需要量的计算步骤。
(2) 根据不同的施工方法,能确定各分部分项工程的材料种类并会计算供应量。
(3) 学会主要材料计划表的编制方法。
(4) 根据各种材料的供应量能计算其每日需要量。
(5) 正确编制主要材料需要量计划表。

二、实训方法与步骤

(一) 材料需要量计算方法

(1) 竞标性施工组织设计材料需要量计划。编制竞标性施工组织设计时,要根据标书上指定材料的消耗标准计算材料需要量,此时材料需要量计划一般要提出主要材料的用量并列出主要材料需用量计划表。

(2) 指导性施工组织设计材料需要量计划。编制指导施工和施工准备的施工组织设计时,施工组织总设计只提出主要材料及地方材料的需要量计划,并列出其需要量计划表。

(3) 实施性施工组织设计材料需要量计划。实施性施工组织设计采用企业的或行业的材料消耗定额,在计算主要材料的需要量计划时是比较粗线条的,而单位工程或分部分项工程的实施性施工组织设计计算所需要的材料种类一般比较细,几乎除低值易耗品外都要计算其需要量,提出材料需要量计划。

计算分部分项工程的实施性施工组织设计材料需要量,首先应明确各分部分项工程的施工方案及施工方法,然后根据工程施工内容套用定额,按下式计算分部分项工程的材料消耗量:

$$施工项目材料消耗量(供应量) = 施工项目工程数量 \times 材料消耗定额 \quad (3-3)$$
$$施工项目每日消耗量 = 施工项目材料消耗量(供应量) / 作业工期 \quad (3-4)$$

其中   施工项目工程数量 = 施工项目实际(设计)工程量 / 定额单位

(二) 主要材料需要量的计算步骤

(1) 根据施工进度图中的时间坐标进程,逐月统计每月已(或应)开工的施工任务(平行作业)的个数,并确定和记录各施工任务的开工和结束时间。

(2) 按照《公路工程预算定额》确定材料种类,按照调拨、外购、自采加工顺序并考虑其材料代号次序进行记录。

（3）计算每个施工项目的主材每日消耗量。根据相应工程项目的工程数量和规定使用的材料消耗定额计算完成相应工程项目所需的材料总需要量，再除以施工进度计划中该施工项目的作业周期（实际作业天数），则得每个施工项目每天的主材需要量。

（4）累计汇总。将施工进度计划表中每个施工过程、每天所需的材料种类、数量和施工工期进行汇总，以得出材料需要量计划，然后填写表格。

（5）编制材料需要量计划表格。材料需要量计划表格的内容应根据相应项目的工程数量及相应材料供应情况进行编制。一般包括：序号，材料名称及规格，年、季度材料需要数量，材料来源及运输方式等。

三、注意事项

（1）按工程设计所提供的质量标准，正确选用材料的品种、规格并能满足相应的质量要求。按不低于设计要求编制材料需要量计划。

（2）因地制宜，按照市场供求规律编制材料需要量计划。

（3）编制材料需要量计划时，对材料的进货量、储存量和供应量应以满足施工需要、有一定的余量为前提，不能满打满算。

（4）根据甲方的合同要约编制材料需要量计划。

（5）编制材料需要量计划时，尽量考虑本地可利用资源，以减少材料的外购成本。

（6）材料需要量计划应与施工进度计划相适宜，并有一定的预见性储备或留有余地。

（7）结合施工企业的流动资金状况编制切实可行的材料需要量计划。

（8）编制材料需要量计划时，应以满足施工质量、安全和进度等需要为前提。

四、实训范例

（一）工程概述

1. 工程概况

吉林×××公路是国道主干线鹤岗至大连公路的重要组成部分，其中 No.3 标西起 KH 市安保县城南乡，起点桩号为 K132+000，路线经过万隆、林泉、兴盛、宏盛，终点为北湾，终点桩号为 K160+131，全长 28.1 km。本项目部主要承揽路面工程施工任务，合同工期 335 日历日。

路面结构形式：28 cm 水泥混凝土路面，路面宽度为 24.0 m；浆砌片石路肩，路肩宽度为 0.5 m；路面基层为厚 18 cm 5%的水泥稳定砂砾，基层宽度为 24.5 m（全填）或 24.0 m（全挖）或 24.25 m（半填半挖）；路面底基层为 16 cm 级配砾石，底基层宽度为 25 m。

设计标准及主要技术指标：设计行车速度为 80 km/h，路基宽为 25 m，土路肩宽为 0.5 m，水泥混凝土路面厚为 28 cm，平曲线最小半径为 280 m，最大纵坡为 5%，最大超高为 4%。设计荷载为汽车超—20 级，挂车—120 级。

2. 施工方法

（1）级配砾石路面底基层采用机械铺料、拖拉机带铧犁拌和的施工方法，压路机碾压。

（2）水泥稳定砂砾基层采用厂拌法施工，摊铺机分两幅摊铺（12.5 m 以内稳定土摊铺机摊铺），压路机碾压。同时，水泥稳定砂砾混合料采用 15 t 以内自卸车运输，平均运距为 12 km。

（3）路面面层采用混凝土搅拌楼拌和、滑模式混凝土摊铺机摊铺，并采用 8 t 以内自卸车运送混凝土，平均运距为 8 km。

3. 进度计划

路面工程施工进度计划如图 3-6 所示。

序号	施工项目	工程量/m²	2004年		2005年										
			11	12	1	2	3	4	5	6	7	8	9	10	11	12
1	底基层	702 500		══════════ 20人 ══════════											
2	基层	688 450					══════════ 30人 ══════════								
3	面层	674 400							══════════ 60人 ══════════						

图 3-6 某路面工程进度计划

（二）工作任务

试确定路面工程项目的主要材料需要量计划。

解析：

（1）根据施工进度图中的时间坐标进程，逐月统计每月已（或应）开工的施工任务（平行作业）的个数，并确定各施工任务的开工和结束时间。

底基层：2004 年 12 月 1 日至 2005 年 6 月 30 日，计划工期为 210 天。

基层：2005 年 3 月 10 日至 2005 年 9 月 26 日，计划工期为 196 天。

面层：2005 年 5 月 1 日至 2005 年 11 月 2 日，计划工期为 182 天。

（2）进一步明确各项施工任务的施工方法，查《公路工程预算定额》确定每项施工任务的材料种类并计算供应量（本例未考虑拌合站的安装与拆除、封油层及路面钢筋的材料消耗等）。

①底基层。

级配砾石厚 16 cm，采用机械铺料，拖拉机带铧犁拌和，压路机碾压。查《公路工程预算定额》[133－2－2－3－9＋12×8]"级配砾石路面"知，完成该施工任务需要的材料为：

土：　　　　　702 500÷1 000×(7.61＋8×0.95)＝10 685.03（m³）
砂：　　　　　702 500÷1 000×(23.74＋8×2.97)＝33 368.75（m³）
2 cm 砾石：　　702 500÷1 000×(48.84＋8×6.10)＝68 592.1（m³）
4 cm 砾石：　　702 500÷1 000×(27.13＋8×3.39)＝38 110.63（m³）
6 cm 砾石：　　702 500÷1 000×(10.85＋8×1.36)＝15 265.33（m³）

②基层。

水泥稳定砂砾厚 18 cm，厂拌法施工，摊铺机分两幅摊铺，压路机压实。查《公路工程预算定额》[109－2－1－7－3＋4×3]"厂拌基层稳定土混合料"知，完成该施工任务需要的材料为：

32.5 级水泥：　688 450÷1 000×(16.432＋3×1.095)＝13 574.17（t）
砂砾：　　　　688 450÷1 000×(199.17＋3×13.28)＝164 546.43（m³）
水：　　　　　688 450÷1 000×(20＋3×1)＝15 834.35（m³）

③面层。

C30 水泥混凝土面层厚 28 cm，采用搅拌楼拌和、滑模式混凝土摊铺机摊铺。查《公路工程预算定额》［173－2－2－17－5＋6×8］"水泥混凝土路面"知，完成该面层施工所需要的材料为：

32.5级水泥： 674 400÷1 000×(76.908＋3.845×8)＝72 611.30（t）

碎石（4 cm）： 674 400÷1 000×(169.32＋8.47×8)＝159 886.75（m^3）

中（粗）砂： 674 400÷1 000×(93.84＋4.69×8)＝88 589.18（m^3）

锯材： 674 400÷1 000×0.001＝0.67（m^3）

型钢： 674 400÷1 000×0.001＝0.67（t）

石油沥青： 674 400÷1 000×(0.138＋0.006×8)＝125.44（t）

煤： 674 400÷1 000×(0.028＋0.001×8)＝24.28（t）

水： 674 400÷1 000×(31＋2×8)＝31 696.8（m^3）

其他材料费： 674 400÷1 000×(304.1＋5.0×8)＝232 061.04（元）

（3）划定主材，计算主材每日需要量。

根据式（3-3）、式（3-4）计算施工项目材料需要量，可采用列式法或表算法进行计算。

①底基层。

土： 702 500÷1 000×(7.61＋8×0.95)÷210＝50.9（m^3/日）

砂： 702 500÷1 000×(23.74＋8×2.97)÷210＝158.9（m^3/日）

2 cm砾石： 702 500÷1 000×(48.84＋8×6.10)÷210＝326.6（m^3/日）

4 cm砾石： 702 500÷1 000×(27.13＋8×3.39)÷210＝181.5（m^3/日）

6 cm砾石： 702 500÷1 000×(10.85＋8×1.36)÷210＝72.7（m^3/日）

②基层。

32.5级水泥： 688 450÷1 000×(16.432＋3×1.095)÷196＝69.3（t/日）

砂砾： 688 450÷1 000×(199.17＋3×13.28)÷196＝839.5（m^3/日）

③面层。

32.5级水泥： 674 400÷1 000×(76.908＋3.845×8)÷182＝399（t/日）

碎石（4 cm）： 674 400÷1 000×(169.32＋8.47×8)÷182＝878.5（m^3/日）

中（粗）砂： 674 400÷1 000×(93.84＋4.69×8)÷182＝486.8（m^3/日）

（4）编制主要材料需要量计划。

按以上计算结果，将有关数据填入主要材料需要量计划表中，见表3-3。

表3-3 某路面工程主要材料需要量计划表

主材名称	规格	施工任务	开工时间	完工时间	供应量	每日消耗量（m^3或t/天）	备注
土		底基层	2004－12－01	2005－06－30	10 685.03	50.9	
砂		底基层	2004－12－01	2005－06－30	33 368.75	158.9	
砾石	2 cm	底基层	2004－12－01	2005－06－30	68 592.1	326.6	
砾石	4 cm	底基层	2004－12－01	2005－06－30	38 110.63	181.5	
砾石	6 cm	底基层	2004－12－01	2005－06－30	15 265.33	72.7	
水泥	普通32.5级	基层	2005－03－10	2005－09－26	13 574.17	69.3	
水泥	普通32.5级	面层	2005－05－01	2005－11－02	72 611.30	399	
砂砾		基层	2005－03－10	2005－09－26	164 546.43	839.5	
碎石	4 cm	面层	2005－05－01	2005－11－02	159 886.75	878.5	
中(粗)砂		面层	2005－05－01	2005－11－02	88 589.18	486.8	

实 训 报 告

日期：	班级：	组别：	姓名：	学号：

实训任务	材料需要量计划的编制		成绩	
实训目的				
实训内容	**背景材料：** 1. 工程概况 　　镇赉至嘎什根公路位于吉林省的西北部地区，起于白城市镇赉县镇赉镇，止于镇赉县与黑龙江省泰来县交界处。该公路是镇赉通往黑鱼泡、莫莫格、五棵树、嘎什根、丹岱、东方红农场、大屯、沿江和莫台等乡镇和农场的必经之路，是白城市公路网中的一条主要公路，是镇赉县东部沿江经济区的重要纽带，也是黑、吉二省西部经济发展的重要运输通道。 　　本路段公路属于镇赉至嘎什根公路 02 标，公路自然区划为Ⅱ₁区，起点桩号为 K42+700，终点桩号为 K45+500，全长 2.8 km。本项目部主要承揽路面工程的施工任务。 　　路面结构形式：路基宽为 12 m，路面上面层采用 4 cm 中粒式沥青混凝土（DAC-16），宽度为 11 m，面积为 3 080 m²；下面层采用 6 cm 粗粒式沥青混凝土（DAC-25），宽度为 11 m，面积为 3 080 m²；基层采用 25 cm 水泥稳定碎石（水泥剂量5%），宽度为 11.50 m，面积为 32 200 m²；底基层采用 35 cm 石灰土（石灰剂量10%），宽度为 12 m，面积为 33 600 m²。 　　设计标准及主要技术指标：设计行车速度为 80 km/h，路线等级为平原微丘区二级公路，全部为旧路改建工程。路基宽为 12 m，路面宽为 10.5 m。土路肩为 2×0.75 m。路面横坡为 2%，土路肩横坡均为 3%。 2. 施工方法 　　(1) 石灰土路面底基层采用路拌法施工，稳定土拌合机拌和，压路机碾压。 　　(2) 水泥稳定碎石基层采用厂拌法施工，稳定土摊铺机分两幅摊铺（7.5 m 以内稳定土摊铺机摊铺混合料），压路机碾压。同时，水泥稳定碎石混合料采用 12 t 以内自卸车运输，平均运距为 10 km。 　　(3) 沥青混凝土路面面层采用 6.0 m 以内沥青混合料摊铺机摊铺，沥青混合料拌和设备生产能力为 120 t/h；并采用 20 t 以内自卸车运送沥青混凝土，平均运距为 12 km。 3. 进度计划 路面工程施工进度计划如图 3-7 所示。

序号	施工项目	工程量/m²	2008 年											
			1	2	3	4	5	6	7	8	9	10	11	12
1	底基层	33 600			20人									
2	基层	32 200				30人								
3	面层	6 160						50人						

图 3-7　路面工程施工进度计划

问题：试确定该路面工程项目的主要材料需要量计划。

续表

实训内容	
实训总结	

第四部分　施工平面布置实务

实务一

施工总平面布置编制

一、实训目的与要求

（1）知道施工平面布置的分类和作用。
（2）掌握施工总平面布置的方法和步骤。
（3）领会施工总平面布置的基本内容。
（4）依据施工总平面图布置的原则，学会绘制施工总平面图。

二、实训步骤与方法

在1∶500～1∶2 000的线路平面图（即地形图）上布置各种临时设施的位置。临时设施及新建工程、已有工程所使用的符号，一般采用各行业的通用符号、图示及按文字叙述的要求进行标注。对图上采用的标注符号、图示分别加以说明；对施工场地平面布置的重点要加以说明。施工总平面图的布置，一般按照下面的步骤来进行：

（1）根据地形、交通、施工等条件进行施工场地布置。
（2）结合地形条件，布置施工便道和便桥。
（3）在地形图上，标出划分的施工区段。当一个施工区段有两个以上施工单位时，标出各自的施工范围。
（4）结合工程数量多少、施工队伍任务部署情况，将施工作业队布置到各自施工地点附近。
（5）结合地形图，布置取土场和弃土场的位置。当取土场和弃土场距离施工现场很远，平面布置无法标注时，可用箭头指向取土场和弃土场方向并加以说明。
（6）布置各种临时设施。
①临时生活房屋、采料场、各类加工车间、仓库。
②临时动力站（如抽水站、发电所、供热站等）。

③施工场地排水系统、水源位置、河流位置及河道改易位置。
④电源线路（尤其是高压线）、变压器位置等。
⑤大型机械设备的停放、维修厂。
（7）布置施工管理机构，如工程局、工程处、施工队及工程指挥系统的驻地等。
（8）在地形图上，布置其他与施工有关的内容，如不良地址地段，国家测量标志，气象台，水文站，防洪、防风、防火的安全设施等。

三、注意事项

施工总平面布置是施工组织设计的重点之一，自始至终起着牵头和归总作用。施工总平面布置直接影响到工程的建设施工、建设进度、工程造价、工程质量、环境保护、安全卫生，对坝址、坝型、枢纽布置也会有影响。在进行施工总平面布置时要注意以下几点。

1. 引入场外交通时需要注意的事项

把场外交通引入现场，在设计施工总平面图时，必须从确定大宗材料、预制品和生产工艺设备运入施工现场的运输方式开始。当大宗施工物资由铁路运来时，必须解决如何引入铁路专用线问题；当大宗施工物资由公路运来时，必须解决好现场大型仓库、加工厂与公路之间的相互关系；当大宗施工物资由水路运来时，必须解决如何利用原有码头和是否增设新码头，以及大型仓库和加工厂与码头的关系等问题。

2. 中心仓库位置确定

对于确定仓库和堆场位置，当采用铁路运输大宗施工物资时，中心仓库尽可能沿铁路专用线布置，并且在仓库前留有足够的装卸前线，否则要在铁路线附近设置转运仓库，而且该仓库要设置在工地同侧。当采用公路运输大宗施工物资时，中心仓库可布置在工地中心区或靠近使用地点，如不可能这样做，也可将其布置在工地入口处。大宗地方材料的堆场或仓库，可布置在相应的搅拌站、预制场或加工厂附近。当采用水路运输大宗施工物资时，要在码头附近设置转运仓库。工业项目的重型工艺设备，尽可能运至车间附近的设备组装场停放，普通工艺设备可放在车间外围或其他空地上。

3. 确定搅拌站和加工厂位置

当有混凝土专用运输设备时，可集中设置大型搅拌站，其位置可采用线性规划方法确定，否则就要分散设置小型搅拌站，它们的位置均应靠近使用地点或垂直运输设备。各种加工厂的布置均应以方便生产、安全防火、环境保护和运输费用少为原则。通常，加工厂宜集中布置在工地边缘处，并且将其与相应仓库或堆场布置在同一地区。

4. 确定场内运输道路位置

根据施工项目及其与堆场、仓库或加工厂的相应位置，认真研究它们之间的物资转运路径和转运量，区分场内运输道路主次关系，优化确定场内运输道路主次和相互位置；要尽可能利用原有或拟建的永久道路；合理安排施工道路与场内地下管网间的施工顺序，保证场内运输道路时刻畅通；要科学确定场内运输道路宽度，合理选择运输道路的路面结构。

5. 确定生活性施工设施位置

全工地性的行政管理用房屋宜设在工地入口处，以便加强对外联系，当然也可以布置在中心地带，这样便于加强工地管理。工人居住用房屋宜布置在工地外围或其边缘处。文化福利用房屋最好设置在工人集中地方，或者工人必经之路附近的地方。生活性施工设施尽可能利用建设单位生活基地或其他永久性建筑物，其不足部分再按计划建造。

6. 确定水电管网和动力设施位置

根据施工现场具体条件，首先要确定水源、电源类型和供应量，然后确定引入现场后的主干管（线）和支干管（线）供应量和平面布置形式。根据建设项目规模大小，还要设置消防站、消防通道和消火栓。

四、实训范例

（一）工程概况

本项目为金丽温高速公路三期工程，起自金丽温二期终点丽水洋店，起点桩号为K116+600，经丽水市、青田县，终于丽水青田与温州永嘉行政限界花岩头村，终点桩号为K192+560，全长约为75.9 km。

本合同段为第17合同段，起点号为K176+800，终点号为K180+600，全长3.8 km。设计布置为隧道群。隧道初拟长度：鹤城隧道左洞K176+800～K177+600，长度为800 m；右洞K176+640～K177+440，长度为800 m。凤门亭隧道左洞K177+640～K179+180，长度为1 540 m；右洞K177+610～K179+175，长度为1 565 m。戈岙隧道左洞K179+310～K179+683，长度为373 m；右洞K179+340～K179+715，长度为375 m。剑石隧道左洞K179+990～K180+557，长度为567 m；右洞K180+080～K180+572，长度为492 m。合计单洞长度为6 312 m，拟双洞长度为3 156 m。

（二）地形、地貌

本工程位于浙江省南部山区，境内以少土多石，低山或山地地貌为主，间有台滩地。最高山海拔为1 318.6 m。总体地势中间高两端低，相对高差为50～1 000 m。"V"形峡谷，属中深切割区，在低山区以"V"宽谷为主，山势相对变缓，相对高差小于300 m。

工程地形属山岭重丘，地形起伏较大，为侵蚀剥蚀地貌，穿插少量侵蚀沟谷、地势陡峭、切割强烈，相对高差大，常形成小瀑布，小坍塌、滑坡经常可见。山峦重叠，山外有山。青田境内山坡坡度较大，一般为20°～40°，局部达45°以上，丽水境内一般山体坡度较小，地形较平缓，坡度一般为15°～20°，地表植被发育，森林茂盛，山清水秀，可耕地甚少，主要分布于瓯江两岸及山间凹地内，山坡还有少量梯田。沿线交通发达，330国道贯穿线路，道路纵横交错。

（三）气象、水文条件

本工程位于浙江省南部山区，属亚热带季风气候，温暖潮湿，四季分明，冬暖夏凉，雨量充沛，年平均气温为17.9 ℃，极端最高气温为39.3 ℃，极端最低气温为−4 ℃。年平均降水量为1 698 mm，降水主要集中在5—9月，以梅雨、台风雨为主，间有秋旱出现。主导风向，夏季为东南风，冬季为西北风，夏秋之交时受台风侵袭，风力为8～12级，易造成灾害性气候。

本项目路线沿瓯江两岸布设。

(四) 地质、地震

本工程地质构造比较复杂，受中生代环太平洋构造作用，形成以火山熔岩及火山碎屑岩为主体的陆相火山岩构造。岩体中节理、块状结构稳定性较好。新生代以来，受太平洋板块的强烈作用影响，断裂、节理、裂隙等构造发育，是新构造运动最为活跃的地区之一。滑坡、崩塌、泥石流等不良地质现象均有不同程度发育。

本区地震具有频率低、震楹小、强度弱的特点，区内最大震级为4.75，最高裂高5～6度。根据国家地震局1990年编制的《中国地震烈度区划图》，区内地震烈度属Ⅵ度区。

(五) 施工环境条件

1. 交通条件

本工程紧傍330国道，队伍、设备进出场，材料进场，外运料碴可利用330国道。

2. 施工用电

工地附近电网发达，可以在每个施工区接设变压器，供施工用。

3. 通信

区段属电讯网覆盖区，程控及移动电话均可外拨，与外界联系方便。

4. 施工及生活用水

沿线有瓯江水和泉水可利用。

5. 地材

沿线有石料厂可利用。

(六) 工程特点及难点

1. 隧道多、工程量大

本标段共有隧道3.3座（双幅），设计单洞长度为6 312 m，折双洞长度为3 156 m，隧道集中。

2. 施工场地狭窄

本标段因地形限制，施工场地狭窄，只能在隧道洞口处布设施工场地，且雨季容易受雨水的冲刷。

3. 工期紧

本标段总工期为30个月，但由于施工场地狭小，便道坡度大，又要维护330国道正常通行，施工干扰大，所以施工进度制约因素较多，工期紧迫。

4. 维护330国道交通困难

330国道相对较窄，车流量较大，施工车辆加入其中，更增加车流密度，且剑石隧道出口施工面正对330国道，干扰大。

(七) 施工平面布置

1. 施工场地布置

本标段隧道多，因地形限制，隧道进出口场地狭窄，只能在隧道洞口处因地制宜布设施工场地，而且雨季容易受雨水的冲刷。施工场地遵循"集中布置、统筹规划、有利施工、注意防洪"的原则进行布置。

（1）鹤城隧道出口、风门亭隧道进口，由隧道一队负责施工，凿岩台车、衬砌台车各2台，混凝土拌合站1套，混凝土输送泵2台，水堆坑桥由桥涵一队负责施工，所需混凝土由隧道一队混凝土拌合站提供，路基由路基队负责施工。

（2）风门亭隧道出口、戈峒隧道进口由隧道二队负责组织施工，配备凿岩台车、衬砌台车各2台，混凝土拌合站1套，混凝土输送泵2台。本段路基由路基队负责配合施工。

（3）剑石大桥由桥涵二队负责施工。剑石隧道由隧道三队负责组织施工，配备凿岩台车、衬砌台车各2台，混凝土拌合站设备1套，混凝土输送泵2台。路基由路基队负责施工。

（4）水堆坑桥桥梁梁体及隧道路缘排水沟等预制由综合队负责组织施工，配备混凝土拌合站设备1套。剑石大桥梁体由桥涵二队负责施工，在鹤城选择一块平坦地为综合队预制场施工场地，要求道路通畅，运梁方便，剑石大桥预制场计划设在左幅路基上。

（5）路基队，负责全线路基土石方施工。

（6）综合施工队，负责浆砌圬工、水堆坑桥制梁施工。

2. 施工便道、便桥

考虑就近原则，布置本工程施工总平面图（图4-1）时，在鹤城隧道出口、风门亭隧道进口处修筑由公路通向施工场地的便道800 m，架设1～20 m、宽6 m的六四军用梁便桥1座，在风门亭隧道出口、戈峒隧道进口修筑由公路通向施工场地的便道长约1 000 m，保证施工机械设备、临时设施进场安装，以及施工材料及隧道内弃碴外运。在剑石隧道进口、剑石大桥处修筑便道长约500 m。在330国道和剑石隧道出口间修一道钢轨枕木隔离墙，内部平整为洞门施工场地。剑石大桥用地，作先期施工隧道场地。

3. 施工供电

工地附近电网发达，在每个施工区，接设变压器供施工用。同时，在每个施工区自备发电机备用。

4. 施工供水

采用瓯江之水、聚集泉水、采集地下水三种方式供水。

5. 施工供风

为满足隧道施工用风，在每个施工区设置1座空压机站，电动空压机及内燃空压机（备用）为隧道掘进和路基工程石方爆破提供动力风。洞内高压风管采用$\phi 200$的无缝钢管，主管路每隔100 m设分闸阀。

6. 生产、生活房屋

项目经理部生活办公用房在青田租用；施工队生产及生活房屋采用就近租用及现场简易房屋两种方式。发电机房、配电房、空压机房等分别设在洞口附近的平台上。雷管库和炸药库设在隧洞附近僻静山坳中。

7. 临时通信

项目部安装程控电话，项目部部室以上领导、队长、技术主管配备手机，项目部与施工队之间用有线电话联系。

五、上交资料

每人上交实训报告一份。

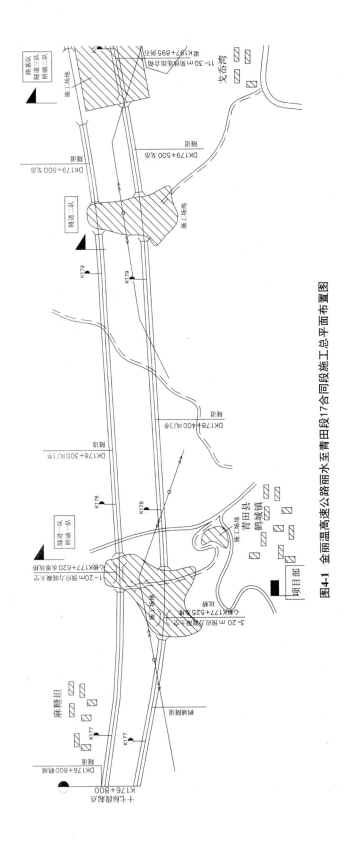

图4-1 金丽温高速公路丽水至青田段17合同段施工总平面布置图

实 训 报 告

日期：	班级：	组别：	姓名：	学号：

实训任务	绘制施工总平面布置图		成绩	
实训目的				
实训内容	背景材料： 一、工程概况 邵怀高速公路第19合同段，起点号为K117+300，经大冲、周家楼、毛师冲、土地坳、葛塘冲，止于麻溪冲，终点号为K121+400，共计4.10 km。 本工程特点是地形复杂，场地布置困难，桥梁与隧道多。本合同段共有特大桥1座，大桥5座，桥梁工程具体见表4-1。路线中有一座连拱隧道，即土地坳隧道，该隧道里程为K118+530～K118+865，全长为335 m。 **表4-1 邵怀高速公路第19合同段桥梁工程统计表** | 序号	桥梁名称	跨径—跨数	结构形式	
			上部	下部
1	K117+707 大冲高架桥	27 m—20跨	预应力混凝土T梁结构连续	双柱墩配桩基础，右幅邵阳台为重力式桥台配扩大基础，其余桥台为柱式桥台配桩基础
2	K119+081 汤家高架桥	14 m—30跨		双柱墩配桩基础，重力式桥台配扩大基础
3	K119+660 葛塘冲大桥	12 m—30跨		双柱墩配桩基础，重力式桥台配扩大基础
4	K120+248.5 麻溪高架桥	16 m—30跨		双柱墩配桩基础，勒板式、柱式桥台配桩基础
5	K120+906 新田高架桥	11 m—20跨		双柱墩配桩基础，桥台为重力式桥台配扩大基础
6	K121+229 笙竹Ⅰ号高架桥	10 m—30跨		柱式墩配桩基础，桥台为重力式桥台配扩大基础 | 二、自然特征 本合同段地貌类型主要为低山丘陵地貌。沿线地形起伏较大，山丘上植被较发育，坡脚处堆积的主要为新近形成的坡积物；水系较发育，小溪河道与线路方向大多呈小角度相交，其中铁山溪宽约10 m，其流向与线路方向近乎平行。 三、施工环境条件 线路位于邵阳、怀化两市境内，沿线有湘黔铁路、320国道、省道S220线、省道S221线以及县、乡公路与拟建公路交叉、相接或平行，路线起点有邵潭高速公路直达长沙，交通比较发达。但本合同段修建从既有道路通往工地的便道及贯通全线的便道比较困难。 本合同段石料主要为深青色板岩，未有分化层。在铁山乡羊里溪、大崇乡尖坡脚等地设石料场，安江镇的三岩湾有一个大型的灰岩料场，石质坚硬，储量丰富，运距短，运输方便。 砂场位于沅江两岸。其中，在洪江市硖州乡下坪村、桂花园乡茅头园村安江镇搬运码头有三个大的砂场。运距较远，运输不便。 沿线附近河流沟渠较多，水质较好。可选用常年有水、化学侵蚀性小的河流、水库的水作为工程用水。 沿线电资源丰富，能满足本项目建设需要。

实训内容	**四、施工队伍部署及任务划分** 设联营体项目经理部，下辖 10 个队级单位，任务划分如下： 道路作业一队：80 人，施工里程 K117+300～K118+870，负责 K117+300～K119+400 段路基土石方、全合同段路面底基层施工及管区便道修理维护。 道路作业二队：90 人，施工里程 K118+870～K121+400，负责 K119+400～K121+400 段路基土石方、管区便道修理维护。 桥梁作业一队：180 人，施工里程 K117+300～K118+530，负责大冲高架桥工程施工。 桥梁作业二队：200 人，施工里程 K118+870～K119+860，负责汤家高架桥、葛塘冲高架桥、麻溪冲高架桥工程施工。 桥梁作业三队：200，施工里程 K119+860～K121+400，负责麻溪冲高架桥、新田高架桥、笙竹Ⅰ号高架桥工程施工。 综合作业一队：100 人，施工里程 K117+300～K118+870，负责管区内涵洞、通道、路基防护、排水工程施工。 综合作业二队：60 人，施工里程 K118+870～K121+400，负责管区内路基防护、排水工程施工。 混凝土拌合一站：40 人，施工里程 K117+300～K118+870，可设在 K118+320 附近，负责管区内两座桥、一座隧道的混凝土供应。 混凝土拌合二站：40 人，施工里程 K118+870～K121+400，可设在 K119+880 附近，负责管区内四座桥的混凝土供应。 隧道队：120 人，施工里程 K118+500～K118+870，负责土地坳隧道的施工。 问题：根据以上所给资料，在图 4-2 上进行各个施工队、混凝土拌合站的平面布置。 提示：根据本合同段线路特征及桥梁工程数量，混凝土由集中拌合站统一供应。
实训总结	

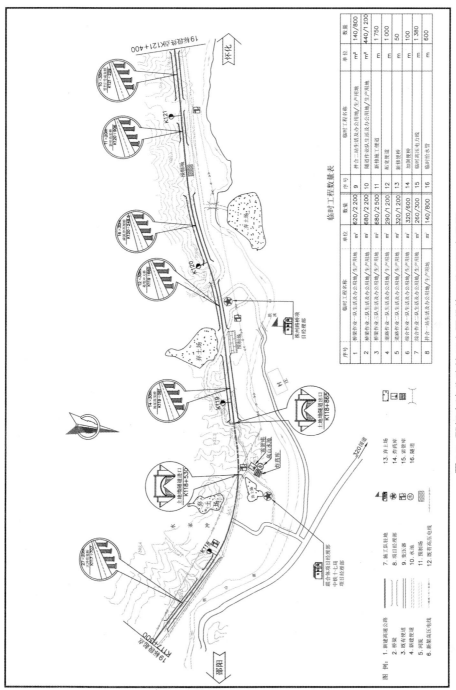

图4-2 邵怀高速公路第19合同段施工总平面布置图

实务二

单位工程施工平面布置编制

一、实训目的与要求

（1）知道单位工程施工平面布置的依据。
（2）掌握单位工程施工平面布置的方法和步骤。
（3）领会单位工程施工平面布置的基本内容。
（4）依据单位工程施工平面布置的参考资料，能够正确绘制单位工程现场平面布置图。

二、实训步骤和方法

单位工程施工平面布置，是根据施工需要的有关内容，对拟建工程的施工现场，按一定的规则作出的平面和空间的规划。它是单位工程施工组织设计的重要组成部分。

通常用 1：200～1：500 的比例，绘制单位工程现场平面图，施工现场平面图上一般应详细绘出施工现场、辅助生产、生活区域及原有地形、地物等情况。布置方法与步骤如下：

（1）在地形图上，确定搅拌站、仓库和材料、构件堆场以及加工厂的位置。根据图纸，考虑材料堆放尽量靠近使用地点，考虑运输及卸料方便；构件的堆放位置，应该考虑安装顺序；布置搅拌站时，首先根据任务的大小、工程特点、现场条件等，考虑搅拌站位置、规模和型号。

（2）在地形图上，布置运输道路。

①尽量使道路成直线，提高运输车辆的速度。

②尽量将临时道路和永久道路相结合，可先修永久性道路的路基，作为临时道路使用，尤其是需修建场外临时道路时，要着重考虑。

（3）在地形图上，布置临时设施。临时设施的种类、大小及位置应根据工程的实际需要来定，尽可能节省新建临时设施面积，大型设施的新建还应按规定逐级上报审批。

临时设施在平面图上的布置，不能影响工程施工，它是施工中的附属性临时设施，应放在施工平面图的次要位置上，但又要保证工人上下班和使用方便。

（4）布置临时水电管网。

①临时施工用水管网布置时，除要满足生产、生活要求外，还要满足消防用水的要求，并设法将管道铺设越短越好。

②施工现场布置用电线路时，既要满足生产用电，还应使线路布设最短。

三、注意事项

单位工程平面图布置一般是以施工总平面图为控制或依据进行布置，基本上按照施工总平面图有关内容进行，但是比施工总平面图更加深入、具体。

进行单位工程平面图具体布置时，还应该参考国家及各地区有关安全消防等方面的规定，如各类建筑材料堆放的安全防火间距等。在具体布置时，主要应注意以下两点：

(1) 工程规模较大、结构复杂、工期较长的单位工程，在不同的施工阶段，施工现场布置的内容也各有侧重且不断变化，即需要绘制不同阶段的施工现场布置图。

(2) 工程规模不大的单位工程，一般在考虑主体结构施工阶段的施工现场平面布置的同时，还必须兼顾其他施工阶段的需要。

四、实训范例

(一) 工程概况

鹰嘴山隧道位于湖南省岳阳县境内，隶属武广客运专线铁路第Ⅱ标段，该隧道地处丘陵地区，隧道起讫里程为 DIK1418+006～DK1420+102，全长 2 096 m，最大埋深 195.7 m，最小埋深位于进口附近约 3 m，是本标段最长隧道。隧道内设无砟轨道，隧道进出口与洞外路基连接处设置刚性路基过渡段。隧道内设综合洞室 8 个。计划开工日期为 2006 年 2 月 15 日，完工日期为 2008 年 5 月 31 日，工期为 27.5 个月。该隧道平面除 DK1419+720.48 出口段位于曲线上外，其余均位于直线上，曲线要素如下：

左线：$\alpha_z-16°41'26''$，R—10 000，I—430，T—1 682.03，L—3 343.06；

右线：$\alpha_z-16°41'26''$，R—10 005，I—430，T—1 682.76，L—3 344.51，隧道纵断面坡度为—5‰和—20‰的下坡，变坡点里程为 DK1419+325，在 DK1419+100～DK1420+550 段设竖曲线，竖曲线半径为 30 000 m。

(二) 自然地质条件

该隧道属丘陵地区，自然坡度为 20°～50°，相对高差 200～220 m，地形起伏较大，植被发育，山顶及左侧基岩裸露；地表层风化严重，节理发育，裂隙水发育；隧道最大和正常涌水量分别为 2 487.1 m^3/d 和 1 386.4 m^3/d。

本隧道 DK1419+890～DK1419+940，右侧 20 m 为水塘，塘埂标高为 86.5 m。隧道施工该段时应加强防排水措施。

不良地质情况：DK1418+850 右侧山体中部有一处 20 m×40 m、厚度大于 1.5 m 的岩堆，直径为 0.5 m×0.8 m，岩性为硅质岩碎石，对隧道工程无影响。

(三) 施工环境条件

1. 交通运输

隧道进出口与岳兴公路相距不远，其间有乡村公路和机耕道路与之相连，沿线还有京广铁路、京珠高速公路和多条国道、省道，长江通过岳阳地区，水陆交通便利。

2. 主要材料及其供应计划

碎石采用大坳石场碎石，砂采用新墙河砂。工程用水泥为 32.5 级普通硅酸盐水泥；外加剂主要是速凝剂、防水剂、高效减水剂、高效抗裂防水膨胀剂和防腐剂；钢材主要为螺纹钢筋、盘条、型钢和 $\phi 42$ 无缝钢管、$\phi 25$ 中空注浆锚杆和 GM 自进式锚杆；防水材料主要有防水板、土工布、透水盲管、PVC 管、止水带、止水条、沥青、油毡等，采取集团公司供应材料或就近购买。

3. 油料供应

除依靠当地石油公司外，集团公司项目部建立了自己的油库，保证施工车辆和机械设备的正常运转。

4. 通信情况

区段属中国移动和中国联通网络覆盖区，除移动电话进出口外分别再安装一到两部固定电话，确保工区与外界的联络畅通。

5. 其他资源

岳阳市区内有较大规模的医院，距离长沙只有一百多千米，工区成立工地医疗系统，确保施工人员的卫生和健康。

（四）施工平面布置

在整个施工期内，根据此隧道工程数量以及工期进度安排，在隧道进口、出口各组建一个隧道工程队参与施工，两队分别组建变电站、发电机、空压机、高压水泵及高压水池、料场等生产设施。施工平面布置情况如下。

1. 施工场地布置

施工场地布置遵循"集中布置、统筹规划、有利施工、注意防洪"的原则。由于隧道进出口场地狭窄，故各队驻地、生产用房、施工场地只能根据施工特点和现场实际情况布置在隧道附近。

2. 施工便道

在图 4-3 中，隧道进口处修筑由既有公路通向施工场地的便道 800 m；在图 4-4 中，隧道明洞段、出口处修筑由既有公路通向施工场地的便道 600 m。

3. 施工用电

（1）隧道进出口不远处有 10 kV 高压电力线路通过，进口改造 5 km 旧线路并架设 1 km 新线路可供应一台 630 kV·A 和一台 500 kV·A 变压器并联解决隧道进口生产、生活用电，从地方新架 10 kV 电力线路三个杆位（未有杆号）搭火。

（2）出口改造 7 km 旧线路并架设 0.2 km 新线路，可供应两台 400 kV·A 变压器并联解决隧道出口生产、生活用电，从麻镇线（支）021#杆搭火。

4. 施工及生活用水情况

（1）进口的黄洋水库可以作为隧道施工生产、生活水源。

（2）在 DK1419+890～DK1419+940 线路右侧 20 m 有容积为 1 600 m³ 的水塘，作为隧道出口施工生产水源；在 DK1419+380 线路左侧 120～160 m 处沟谷中有流量为 300 t/d 的两处泉水，作为出口生活水源并补充生产用水。

（3）在隧道进出口分别砌筑一个 80 m³ 的高压水池，生产用水钢管规格为 $\phi 125$，生活

用水采用 $\phi 50$ PVC 管，以满足工区生产、生活用水。

5. 施工供风

为满足隧道施工用风，在隧道施工进口和出口区域设置两座空压机房——电动空压机及内燃空压机（备用），为隧道掘进和路基工程石方爆破提供动力风。进出口各选用一台 93－1 型轴流式通风机做主风机，局扇采用 TZ－90 型轴流式通风机，出口采用管道压入式通风，洞口设一台主风机，主风机均安装在洞外距洞口 30 m 处。

五、上交资料

每人上交实训报告一份。

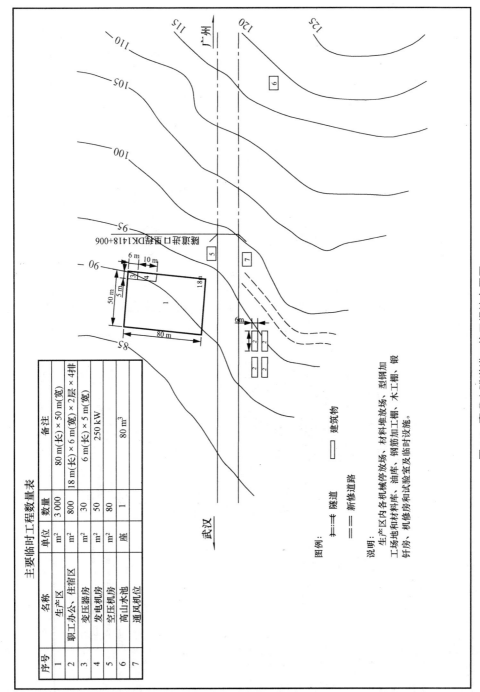

图 4-3 鹰嘴山隧道进口施工场地布置图

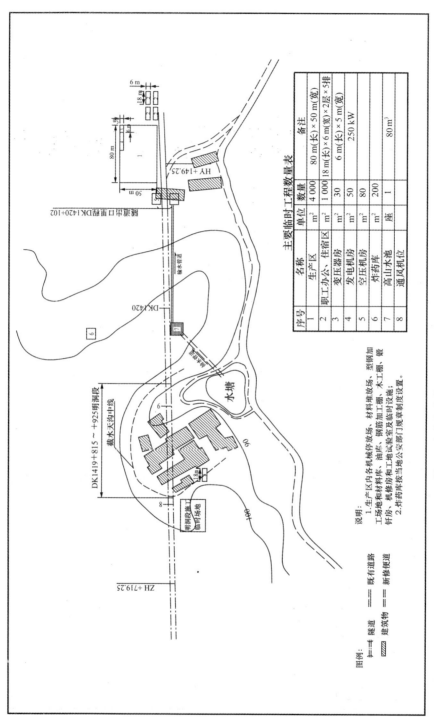

图 4-4 鹰嘴山隧道明洞段和出口施工场地布置图

实 训 报 告

日期：		班级：		组别：		姓名：		学号：	
实训任务		绘制单位工程施工现场平面布置图					成绩		
实训目的									
实训内容	背景材料： 一、工程概况 金龙潭水电站位于四川省阿坝藏族羌族自治州茂县境内，是岷江上游太平至两河口段水电梯级规划的第三个梯级电站。电站采用引水式开发，从上一梯级天龙湖水电站的尾水洞直接引水，经无压隧洞（即调节池）、压力隧洞、调压井、压力管道，至木学堡大桥下游建厂发电，电站设计水头 210 m，引用流量 97.2 m³/s，装机容量 3×60 MW，多年平均发电量 9.272 亿 kW·h。工程区有成都至九寨沟公路贯穿工程首尾，厂房距茂县县城约 30 km，距成都约 220 km。 引水隧洞沿岷江右岸布置，全长 13.006 km，隧洞穿越的地层为石英千枚岩、千枚岩夹石英岩、大理岩（夹千枚岩）、石英砂岩等。 本标为引水隧洞 2#施工支洞工作面工程，合同编号 JLT/CⅡ—2，起止里程为 K3+263～K5+608，上游工作面工程隧洞长 877.376 m，下游工作面工程隧洞长 1 467.624 m，全长 2 345 m，设计断面为马蹄型，隧洞开挖跨度为 7.00～7.64 m，衬砌后跨度为 6.00～7.34 m。 计划开工日期：2006 年 5 月 21 日。 要求完工日期：2008 年 7 月 7 日（日历工期为 778 天）。 二、工程地质及资源条件 1. 工程地质 金龙潭水电站位于岷江断裂带、雪山断裂带和虎牙断裂带为界的川青断块东部。工程区内除石大关断层外，无其他断裂构造，但褶皱变形强烈，主要岩性为石英千枚岩、千枚岩夹石英岩、大理岩和石英砂岩夹千枚岩等。 引水隧洞沿岷江右岸布置，2#施工支洞工作面工程段最大埋深为 950 m，最小埋深（覆盖层＋岩层）为 120 m。 2. 资源条件 （1）砂、石料厂位于距现场 10 km 左右的沙子河坝，基本满足工程施工需要；水泥厂可选用汶川县旋口水泥厂或都江堰东风水泥厂，运距为 150～200 km；钢材可采购于成都钢铁厂，运距约 260 km。 （2）施工及生活用电由业主设置两台 400 kV·A 变压器提供。 （3）施工及生活用水从支洞口的溪沟上游 500 m 处建水池用水管引入现场。 （4）交通条件：现场距 213 国道约 800 m，已有施工便道与其连通，距茂县约 33 km，距成都约 230 km，对外交通方便。 三、主要工程数量表 主要工程数量见表 4-2。									

表 4-2 主要工程数量

序号	项目名称	单位	数量
1	封堵混凝土	m³	677
2	石方洞挖	m³	101 144
3	钢筋制造安装	t	947
4	C20 混凝土（洞身）	m³	15 099
5	C20 喷射混凝土	m³	3 115
6	橡胶止水带（651 型）	m	1 395
7	伸缩缝	m	1 395
8	固结灌浆	m²	10 016
9	回填灌浆	m²	9 339
10	锚杆（$\phi 20$, $L=3.0$ m）	根	89
11	锚杆支护（$\phi 25$, $L=3$ m）	根	8 916
12	临时支护	m	2 345
13	里程牌	个	23

续表

实训内容	四、施工供风、水、电及通信系统 1. 施工供风系统 本工程用风项目有上、下游工作面石方洞挖、锚喷支护、喷射混凝土。用风机具配置见表4-3。 表4-3 用风机具配置 | 设备名称 | 型号、规格 | 单台耗风量/（$m^3 \cdot min^{-1}$）| 工作台数 | 备注 | |---|---|---|---|---| | 气腿式凿岩机 | YT－28 | 3～4 | 16 | | | 混凝土喷射机 | TK－961 | 7.5 | 2 | | | 锚杆注浆机 | | 5 | 2 | | | 锻钎机 | | 3～4 | 1 | | 根据上述各种设备用风量及不同系数，计算高峰期用风量为70 m^3/min，因此，在洞口设一座供风量为80 m^3/min的供风站。配备四台3L－20/8型电动空压机。 2. 供水系统 本工程生产、生活用水采用在溪流上游距支洞口约600 m处修建水池，消毒、沉淀过滤后使用，主要供混凝土拌合站、空压机房、风钻、混凝土养护、生活、消防及其他生产、生活用水。冬天生产、生活用热水设置一台1 t热水锅炉供应。 3. 供电系统 根据招标文件，业主负责将高压电线引至洞口附近并安装两台（支洞施工已经安装一台）变压器（400 kV·A），我方在低压侧建一配电室，从配电架架设400/230 V低压输电线至各用电区域：架设一回3×240 mm^2＋1×185 mm^2的380 V低压动力线至空压机房，一回3×120 mm^2＋1×95 mm^2的低压动力支线至混凝土拌合站和生产辅助企业区，两回3×70 mm^2＋1×50 mm^2的低压动力线至洞内，两回1×25 mm^2＋1×16 mm^2的照明线路至洞内，一回3×95 mm^2＋1×70 mm^2的低压动力线到洞口风机，一回1×25 mm^2＋1×16 mm^2的照明线路至生活区。为保证供电的可靠性，工地配备一台240 kW柴油发电机作为备用电源。 洞内照明采用行灯变压器变为36 V安全电压，并使用低压防水、防爆灯泡；混凝土拌合站采用2 kW管型氙灯进行大面积照明；停车场及道路采用光控高压汞灯照明。 4. 通信系统 项目经理部办公室设电话机（兼传真）一台，用于对外联系和传输文件资料，并将计算机与Internet网连接，便于收发电子邮件。 五、施工辅助设施的布置 1. 混凝土拌合站 本标段混凝土总量为18 891 m^3，砂、石集料在业主指定的料场购买，距施工现场约为9 km。混凝土拌合站布置在洞口右侧，站内布置两台JDY500强制式混凝土拌合机，一个100 m^2水泥库、400 m^2砂石料场、40 m^2工地试验室。 2. 钢筋加工厂布置 本标段钢筋制作安装总量为947 t，其加工厂布置在混凝土拌合站旁，占地200 m^2。 3. 修理厂 现场仅考虑机械设备的中修、小修、点修及日常维护保养，大修在附近的城镇进行。修理厂和停车场占地约为1 000 m^2。 4. 金加工车间 金加工车间主要承担施工设备的部分零配件加工、非标准件加工和一些工器具的制作，重要零配件在城内购买。车间布置在汽修车间旁。 5. 材料及配件库的布置 材料库布置在汽修厂旁，库房为80 m^2，材料堆放场为500 m^2。 6. 炸药、雷管库的布置 炸药、雷管库、值班房分别为60 m^2、20 m^2、15 m^2，占地200 m^2，使用原支洞施工用火工品库房。

续表

	7. 油库的布置
	工地用油主要是柴油、汽油和各种特种油，油库布置在停车场旁，特种油采用油桶储备，库房10 m²，汽油、柴油分别采用5 t和8 t油罐储备，油罐棚40 m²，值班房10 m²，油库占地80 m²。
	8. 其他场地及用房布置
	在隧洞口附近设置15 m²值班房，30 m²临时用工具存放及维修用房。
	六、施工用地计划
	施工用地计划见表4-4。

表4-4 施工用地计划

序号	临建设施名称	房建/m²	占地/m²	所在位置
1	生活及办公区	646	860	生产及生活征地区
2	钢筋加工厂	100	200	可在隧洞口附近
3	材料库	80	300	弃土场
4	油库	60	80	弃土场
5	混凝土拌合站	140	540	可在隧洞口附近
6	修理厂及停车场	210	1 000	弃土场
7	配电室及发电机房	30	36	可在隧洞口附近
8	空压机房	40	50	可在隧洞口附近
9	炸药及雷管库	95	200	可在隧洞口附近
10	现场值班室	15	20	可在隧洞口附近
11	现场工具存放及维修用房	30	40	可在隧洞口附近
	合计	1 446	3 326	

问题：根据以上所给资料及2号支洞施工总平面布置图4-5，按照表4-4给定的数据，在图4-6上布置生产、生活区等各种临时设施。

续表

实训内容	
实训总结	

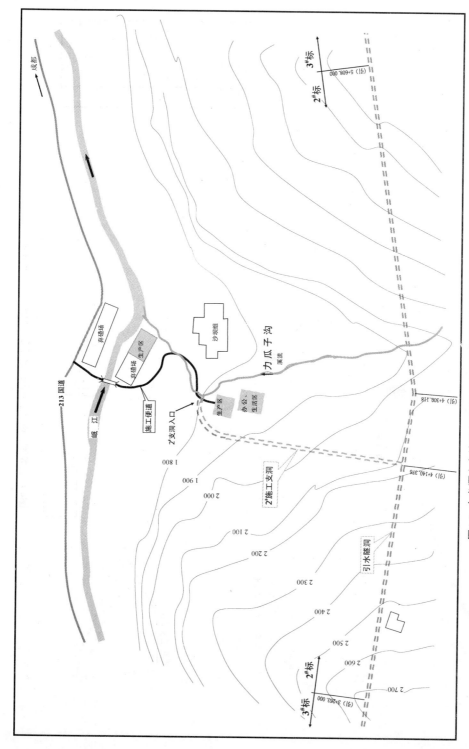

图4-5 金龙潭水电站引水隧道2号支洞施工工作面施工总平面布置图

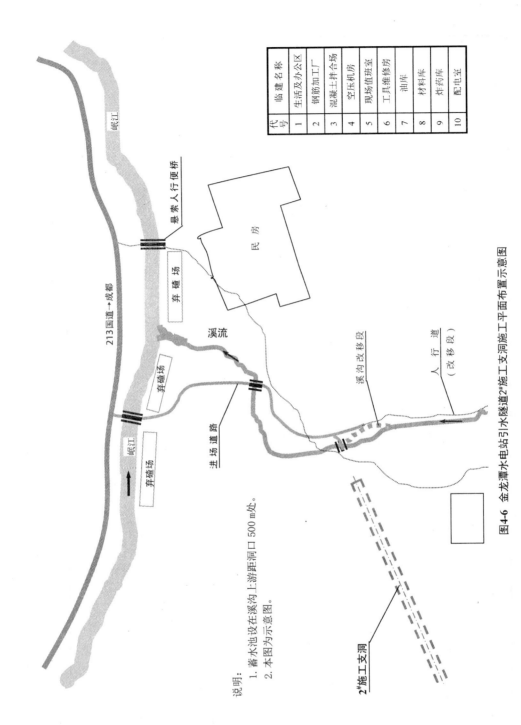

图 4-6 金龙潭水电站引水隧道2#施工支洞施工平面布置示意图

第五部分 技术组织措施编制实务

实务一 施工质量技术组织措施编制

一、实训目的与要求

(1) 知道施工质量技术组织措施的作用。
(2) 分析影响施工质量的主要因素。
(3) 能够描述施工质量技术组织措施的基本内容。
(4) 准确完成工程项目施工质量技术组织措施的编制。

二、实训步骤与方法

良好的工程质量是完成优秀工程的前提条件。只有保证工程质量的优良才能进一步提升工程的品质和施工单位的形象。一般来说，工程项目施工质量技术组织措施编制的步骤与方法如下：

(1) 熟悉图纸和施工现场。
(2) 熟悉工程所处位置的地质、水文、气象资料。
(3) 调查施工现场原材料的品种、质量、存放方案等情况。
(4) 深入研究施工方案的具体内容，仔细研究各分项工程的施工顺序，对工程质量形成过程的各个工序进行全面分析。
(5) 调查施工机械配置情况。
(6) 根据工期长短，对可能影响工程质量的冬期、雨期施工特点进行分析。

三、实训要点

施工质量技术组织措施是工程施工组织设计文件必不可少的一部分，编制的要点如下：
(1) 确定工程项目预期的质量目标。
(2) 建立和完善质量保证体系，落实质量管理组织机构。
(3) 建立项目质量监控流程。
(4) 绘制质量保证体系框图，实行各项质量管理制度及岗位责任制。

(5) 设立重点、难点及技术复杂分部、分项工程质量的控制点并制定相应的控制措施。

(6) 编制技术复杂、易出质量问题的施工环节的质量保证措施。

(7) 编制施工重点、难点工序的作业指导书。

四、实训范例

(一) 工程概况

肇源至松原一级公路是国道 203 线明（水）沈（阳）公路的一部分，该项目起于黑龙江省肇源县境内，跨越松花江后止于吉林省松原市境内。本标段起点里程为 K5+600，终点里程为 K8+600，路线长 3 000 m，位于松原市风华镇境内。

本标段设特大桥 1 座，长 577.5 m，基础为直径 120 cm、150 cm 的钻孔桩，下部为肋板式桥台、双柱式桥墩，上部为主跨为 19 孔×30 m 后张法预应力混凝土 T 梁。

通道桥 1 座，长 10 m，基础为预制混凝土打入方桩，下部为薄壁台身，上部为 1×10 m 钢筋混凝土空心板梁。

路基长 2 412.5 m，宽 25.5 m，平均填土高度为 9 m；路基横坡为 2%；一般路堤边坡坡度为 1∶1.5，桥头 0～4 m 为 1∶1.75 的边坡坡度，4 m 以下为 1∶2 的边坡坡度。

路基防护排水形式为现浇和预制块混凝土护坡、护脚及叠拱护坡。

(二) 地理情况及气象水文

1. 地形、地貌

国道 203 线肇源至松原一级公路 02 合同段所经地区属松嫩平原的东南部，地势平坦、开阔，略有起伏，海拔高度为 117～159 m，主要河流有嫩江和第二松花江，两江汇合后为松花江。松花江两岸地势低洼，属冲积河谷平原地形，沿线多为旱田，局部为湿地。

2. 地质、地震

路线经过地区处于松嫩平原盆地的中央凹陷带与东部隆起带的分界处。上覆地层为第四系低液限黏土、细砂、粗砂，粗砂含少量砾石，层厚为 30～32 m；其下为第三系泥岩，胶结较差；白垩系泥岩、砂岩埋深在 71 m 以下，胶结较好。

路线所处地区的地震基本烈度为Ⅷ度。

3. 水文、气象

路线所经地区属中温带干旱或半湿润大陆性季风气候，春季干燥多风，夏季酷热多雨，秋季温和凉爽，冬季漫长寒冷，四季变化明显。年平均气温为 4.7 ℃～4.9 ℃，最高气温为 36.2 ℃，最低气温为－37.8 ℃。年平均降雨量为 230.4～578.0 mm，雨季多集中在 7、8 月份，占年降雨量的 65%～70%。初冻在 11 月中旬，解冻在翌年 5 月中旬。冻胀、翻浆为公路的主要病害。本桥处于泄洪区内，汛期有水，其余时间干枯。

(三) 确保质量的技术组织措施

为实现该工程施工质量全优，我单位中标后，认真贯彻公司的质量管理方针，根据本工程施工图纸设计，现行施工规程、规范和质量检查验收的有关要求，制定了一系列施工质量保证措施。具体内容如下。

1. 质量目标

我集团的质量方针是：信守质量承诺，创建优质工程，满足顾客需要。

对本项目的质量目标为：单位工程优良品率100%，合同工期履约率100%，重大安全生产责任事故为0。

质量承诺：项目经理、总工程师对本标段工程质量终身负责。若质量达不到承诺的目标，本投标人愿意接受合同造价2%的违约金。

2. 主要措施

1) 组织、管理措施

(1) 建立健全质量保证体系。我公司全面推行ISO 9002标准，建立了一套包括质量保证手册、程序文件、作业指导书的质量体系文件。在该工程施工中，按照ISO 9002标准的全部要素组织施工，公司建立了以总工程师为首的质量监督检查组织机构，横向包括各职能机构，纵向包括工程处、项目直至施工班组，形成质量管理网络，项目建立以项目经理为总负责，项目质量工程师中间控制，项目质检员基层检查的管理系统，对工程质量进行全过程、全方位、全员的控制。具体质量保证体系框图参见图5-1。

(2) 搞好分工负责。在质量管理上，项目经理统管全盘，全面负责现场施工，其他领导成员按照工程结构和分类进行分工，实行领导干部分段、分片质量管理责任制，建立质量管理档案。工程紧张阶段，领导进驻现场，跟班作业，指挥协调。

(3) 质量目标责任制。根据工程项目的标准要求，确定项目经理的质量目标，并将此目标分解，具体落实到各部门的工作中，同时制定各级人员质量责任制，将个人的工作报酬与其所承担的质量责任目标挂钩，从而保证质量目标的贯彻实施。

(4) 质量分析会制度。在对施工质量进行数理统计分析的基础上，根据质量的波动情况、存在的问题，由项目总工程师主持定期召开质量分析会，查找原因，制定措施，监督实施，从而提高工程质量。

2) 思想教育措施

对全员实施全过程的形势教育、全面质量管理思想和创优思想教育，提高全员质量意识，使全员明确目标，牢固树立"质量在我心中，创优在我手中"的思想。

(1) 教育全员要认清当前建筑市场激烈竞争的形势，深刻理解质量、效益、进度之间的关系，明确质量就是生命，质量就是效益，质量就是信誉，质量就是发展，质量就是企业实力的最好证明。

(2) 对全员进行TQC教育，使全员了解TQC活动的基本知识，建立"以预防为主，防检结合，为用户服务，用数据说话"的观念。

(3) 对全员进行规章制度教育，开展丰富多彩的竞赛活动，定期召开现场会，抓样板、树典型，及时总结推广先进经验。

(4) 思想教育要做到有面、有层次、有内容、有效果、有检查、有记录。

3) 技术保证措施

(1) 测量放样。采用全站仪进行施工放样，做到四个复核：水准点、控制点复核，计算复核，图纸复核，放样复核。

(2) 路基工程。

① 路基施工前恢复中线，复测断面，对地形、地质变化处及时报监理工程师处理。

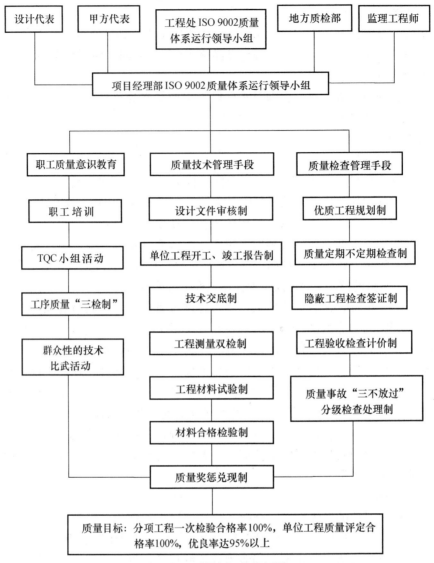

图 5-1 质量保证体系框图

②路基填筑前，进行试验段填筑，确定路基施工参数，为路基施工提供科学依据。

③施工安排避开雨季，保证临时边沟的排水畅通。

④严格按试验段确定的工艺参数进行施工，对基底处理、分层厚度、碾压遍数、摊铺方法、填土速率和土料含水量进行重点控制，把好"三度"，即平整度、横坡度和压实度。

⑤建立可靠的检测方法和严密的检测制度。

⑥规范进行沉降与稳定观测，以数据指导施工，加大施工期的沉降，降低工后沉降和桥头不均匀沉降。

⑦连接构造物的路基工程，其施工不能危害结构物的安全与稳定，应优选透水性较好的填料，采用小型机具和人工夯实相结合分层填筑，不得使用重型机械压实。

（3）桥梁工程。

①桥位布设高精度三角控制网，采用全站仪、精密水准仪进行测量，采取换手复核，

消灭测量差错。

②控制钻孔灌注桩施工质量。

a. 钻孔前检查钻架位置、钻头尺寸、护筒型号及埋设等是否正确。护筒中心位置偏差符合相关规范要求，而且严密、不漏。

b. 泥浆的主要技术条件应满足相关规范要求，并根据钻进中不同地质情况及时调整。

c. 钻进中遇到流塑状淤泥时，钢护筒需跟进贯通全部淤泥层。采用振动沉桩或压重物的方法随钻机逐节压入护筒，以防塌孔和缩孔。

d. 钻进要严格按操作工艺进行操作。终孔前，严格按相关规范进行成孔检查。

e. 初次清孔至浇筑混凝土时间间隔较长，必须进行二次清孔。孔底沉碴应符合设计要求。

f. 水下混凝土的配制应满足设计及规范要求。

g. 首批灌注混凝土数量必须经过计算，确保导管埋入深度不小于 1 m。灌注工作组织要严密、紧凑，确保灌注连续、顺畅进行。

h. 混凝土灌注最后高度必须高出设计高度 50～100 cm，以便凿除浮浆，确保混凝土质量。

③严格按设计要求做好基底检查，与设计不符及时变更，确保基底承载力符合要求。

④控制钢筋、钢绞线施工质量。

a. 要严把材料关。钢筋、钢绞线应有出厂质量保证书或试验报告单，并做机械性能试验，对进场的钢筋、钢绞线进行抽验，遵守"先试验，后使用"的原则，对力学性能差、严重锈蚀、麻坑、裂纹、夹砂和夹层以及其他不符合规范要求的钢筋和钢绞线，坚决不予验收、使用。

b. 要严格控制钢筋、钢绞线的加工质量。

c. 要加强对加工后的钢筋、钢绞线的存放管理。

d. 要保证钢筋的绑扎和焊接质量。

⑤控制混凝土工程施工质量。

a. 原材料质量控制。把好水泥、碎石、砂子等材料的质量关，坚决做到不合格材料不验收、不使用。

b. 采用自动计量设备进行混凝土配料，混凝土拌和均采用自动计量拌合站，以确保计量准确，保障混凝土质量。每次混凝土施工前必须测定砂石含水量，给出正确的施工配合比。

c. 混凝土浇筑实行分层浇筑，梁、盖板、墩台帽必须实现连续浇筑，桥墩施工缝埋设连接钢筋、凿毛，做好接缝处理。

d. 混凝土振捣。混凝土浇筑中，采取定人定岗负责振捣。插入式振动器的使用必须符合规定要求。梁板预制和现浇时主要采用侧振工艺，严禁空振模板。

e. 加强对混凝土浇筑后的养护。

⑥严把模板关。模板安装要牢固、紧密，脱模剂要涂刷均匀，确保圬工外观光洁。拆模必须在混凝土达到规定强度后进行并及时整修，以备再用。

⑦加强预应力梁体质量控制。

a. 波纹管安装时按坐标法控制，定位钢筋规范制作、绑扎；接头规范处理，混凝土浇筑时设专人检查、捣固并严防碰撞，管口浮浆及时清理，做到不偏、不沉、不浮、不破、不扁、不堵，使穿束、张拉顺利进行。

b. 预应力钢绞线、锚具等关键材料必须严格控制进场质量，锚具预埋位置必须准确。

c. 张拉作业前，必须对张拉机具进行标定，并绘制标定曲线。

d. 张拉之前，必须进行梁体混凝土的抗压试验，强度达到设计要求后方可进行张拉。

e. 张拉由专业班组按设计张拉程序进行，采用延伸量和张拉吨位双控制，以延伸量为主。

f. 桥面连续的现浇玻璃纤维混凝土和桥梁伸缩安排专业队施工，严格按各项要求安装，做到精益求精。

（4）防护工程施工质量保证措施。

①路基防护的混凝土预制块砌筑、现浇混凝土护坡工程，安排具有丰富砌筑经验和混凝土施工经验的专业队伍进行施工。

②砂浆配合比由试验室确定，并根据中砂的含水量现场调整配合比，控制好水胶比，当所选用材料变化时，配合比也要重新确定，确保砂浆密度。

③砂浆拌和必须用拌合机，严格计量制度，严禁人工拌和且随拌随用，使其保持良好的和易性和适宜的稠度。

④预制块砌筑前应先测量放样，挂线控制直顺度、平整度。勾缝前应充分湿润。

⑤浆砌工程统一采用平凹缝，既确保工程质量又整体美观。施工中专门设计制作一个简易控制器具，以确保砌缝的宽度、深度统一整齐，勾缝坚固。

4）施工质量保证措施

在施工中实施全过程全方位的质量监控，推行高标准的质量管理，严格各工序技术要求，狠抓原材料和工艺双控制，做到程序化、标准化、规范化作业。

（1）完善质量检测手段，用检测控制工序，让工序控制过程，靠过程控制整体。从施工每一道工序、每一个细节入手，全过程跟踪检测，以确保工程质量依数据说话。

（2）严格质量标准，实施标准化作业，做到全部工序有标准、有检查，并把新技术、新工艺、新方法运用到各项施工生产中，切实保证标准化的作业质量。

（3）严格工序控制，施工中严格执行"五不施工"制度，即施工桩号不清不施工、无技术交底不施工、无复测资料不施工、无质检工程师签证不施工、无监理批复不施工。

（4）严格执行"三检"制度，即工序自检、监理检验、交工互检，不经三检合格不得转入下道工序施工，使工程质量在施工全过程处于受控状态，以确保道道工序规范，施工全过程创优。

（5）严格质量验收。在日常检查或月份验工计价时，对存在个别缺点和不足的工程，限期改正；对不符合内控标准、影响创优的工程，坚决推倒重来，并追究责任人的责任。

3. 工程创优计划及创优措施

本工程的质量目标为：严格按照国家、行业工程验收标准，以及业主发布的质量检验评定标准，工程一次验收合格率达到100%，单位工程达到全优，确保本工程项目工程质量全部达到市优质工程标准。

1）创优措施

为实现上述目标，结合本标段工程特点，以我单位 ISO 9002 质量认证的各项要求为基础，编制如下创优措施：

（1）明确质量创优责任，实行质量终身责任制。

以合同文件和设计文件为依据，以现行施工技术规范和验收标准为标准，以抓工序质量创优为基础，根据创优目标实行质量终身责任制和质量责任目标管理，分解和确保实现分项、分部、单位工程质量创优目标，全面落实本标段的质量目标。主要人员的质量创优责任如下：

①主要管理人员及其质量创优责任。

a. 项目经理部经理为本标段的总负责人，其主要质量创优责任为：

履行对业主的投标承诺和工程承包合同，执行我单位质量方针，组织实施并最终实现工程质量创优目标；负责本标段质量保证体系的正常运行；负责本标段的组织分工，明确人员职责，实施恰当的激励机制，充分发挥所有职工的积极性；对分供方进行评价和监督；主持工程质量工作会议，审定或签发重要文件。

b. 项目经理部总工为本标段的技术总负责人，其主要质量创优责任为：

主持本标段质量创优规划的编制及修订工作；负责本标段质量创优规划中有关技术工作的安排；负责组织本标段图册、文件、资料的分配、签发、保管及日常管理；负责组织本标段各种质量记录的填写、收集、汇总工作；负责施工过程中轻微不合格的处理和一般不合格以上的上报工作。

②特殊岗位人员的职责。业主组织招标采购的物资和自采物资，由项目经理部物资设备部部长负责进行进货检验和验证。

（2）质量文件和资料控制。

①根据我单位《质量手册》的要求，执行《文件和资料控制程序》中的有关规定，保证施工过程中使用有效的文件和图册。

②项目经理部工程技术部部长负责所有文件资料的管理工作。按《文件和资料控制程序》中的有关规定，指定专人负责收发、传送、整理和保存文件资料。

③属于施工单位负责采购的物资，其采购合同存于项目经理部，并由项目经理部物资设备部部长指定专人负责保存。

④施工图册由项目经理部施工技术部部长负责管理，并按我单位《施工技术管理办法》执行。

（3）物资设备采购质量控制。

①本项目物资设备采购，由项目经理部物资设备部部长负责管理，严格按施工合同和我单位《采购控制程序》执行，保证本标段使用合格的材料和设备。

②物资采购必须从业主组织招标确定的供应商处采购，或严格按我单位物资部门下发的《合格分供方名册》选择供应商。如果现场需要购买其他供应商的物资，则必须按程序对其进行评价。

③采购人员在采购物资设备时，必须及时索要所采购物资设备的原始资料（生产厂家、材料名称、规格型号、出厂编号、出厂日期、合格证等）。

（4）施工过程质量控制。

①施工过程是质量保证的重点环节，所涉及的各项工作必须依据《质量手册》的有关施工过程控制程序的规定执行。

②施工组织设计的管理。

a. 施工组织设计由项目经理部总工组织编制并进行技术交底，使项目管理人员对施工组织设计内容达成共识。

b. 对于施工中遇到的新问题或采用某些新技术时，坚持"一切经过试验，一切用数据说话"的原则，由项目经理部总工组织进行现场试验，并制定相应的施工方案。

c. 施工条件和环境发生变化时，由项目经理部总工负责提出施工组织设计修改意见，并报监理工程师审批。

施工工序质量控制实行"三检"制度，即自检、交接检、质检人员专检，由项目经理部安全质量部部长负责。

（5）特殊过程和关键工序质量控制。根据本标段的实际情况，确定钻孔灌注桩、现浇箱梁支架、现浇箱梁模板安装、预应力张拉、支架拆卸等为特殊过程和关键工序，在施工前必须制定专项措施，编制作业指导书。

特殊过程和关键工序实施前，必须做好以下几项工作：

①施工准备阶段对施工图纸进行会审，对施工工艺进行专项技术交底。

②参加施工的操作人员必须经过岗前培训，做到持证上岗。

③对施工人员和设备能力进行确认，不具备能力的不得从事施工。

④施工过程中指定专人对质量和过程进行连续监控，并做好记录。

⑤对施工人员的资格、工程所用材料、施工设备的状况均作记录，使施工过程具有可追溯性。

（6）检验和试验质量控制。检验和试验是保证工程质量的重要手段，由项目经理部总工负责。检验和试验除按施工技术规范和有关程序文件规定进行外，根据本工程实际情况，采取以下具体措施：

①物资检验和试验，由项目经理部试验室主任负责。除所有物资应按进货检验和试验要求进行外，对于必须进行特殊检验和试验的物资，应在质量计划中说明。

②施工过程中的检验和试验由项目经理部安全质量部部长和试验室主任负责。根据施工进度将检验和试验安排落实到试验员、质检员和工班长。

③最终检验和试验由项目经理部经理负责，按有关程序向监理工程师和业主申请后进行。

④本标段使用的检验、测量和试验设备，由项目经理部试验室主任负责，按我单位计量器具周期校验规定负责送检。

（7）物资运输和储存质量控制。

①本标段施工中，严格做好物资的储存保管和特殊材料的装卸搬运工作。在具体的执行过程中，除按我单位有关程序文件规定的要求执行外，各项工作主要负责人还应针对工作的特殊性提出操作方案或防护措施报项目经理部经理审批，并保证在工作中准确地向每一名操作人员进行交底。此项工作由项目经理部物资设备部部长负责。

②施工现场应依据平面布置图布置材料堆放场地，设置储存仓库，并检查、监督与此项工作有关的操作人员，做好防火、防雨、防盗、防台风等各项工作。

③物资搬运和储存应有情况记录。本项目所有施工场地内的现场物资标识应齐全、醒目，并保持一致。

(8) 质量控制记录。本项目指定项目经理部质量部部长为质量记录的总负责人。负责本项目所有质量记录的收集、保存和处理工作。同时,对各过程质量记录负责人进行监督检查。

过程质量记录负责人按要求进行记录,工程完工后按规定进行整理,上报质量记录总负责人。

2) 建立质量情报信息网络

以质量技术管理网络为基础,建立质量情报信息网络,确定施工管理人员、技术人员、质量检查员为质量信息情报员。项目经理部设专人负责质量管理信息档案管理工作,及时收集、传递、整理、分类和归档,作为总结前阶段质量管理工作、确定下阶段质量管理目标的辅助基础。质量情报信息的内容有以下几项:

(1) 进入工地的各种原材料、成品、半成品的质量检查验收情况。

(2) 施工组织设计或施工方案、技术交底、图纸会审、设计变更、隐蔽工程和有关质量的记录情况。

(3) 对国家和上级部门以及业主和监理工程师颁布的有关工程质量的法规;工程处制定的有关保证工程质量管理办法(制度)、技术质量措施的执行情况。

(4) 历次质量检查(含上级和现场监理检查)、各种验收检查的记录情况,质量事故调查(含不合格工程的原因调查)记录和处理情况。

(5) 新材料、新技术、新工艺、新标准等信息的收集整理情况。

(6) 机械设备、计量测试仪器人员素质等其他影响工程质量的调查记录和处理情况。

(7) 其他标段有关工程质量的管理方法和手段等情况。

以上信息的搜集整理,按照责任分工,必须保证其准确性、及时性、可靠性和实用性。

4. 雨期、冬期施工措施

1) 雨期生产措施

(1) 雨期施工需做好施工场地的排水,保持排水沟渠的畅通,并指定专人负责疏通,使施工场地雨停水平。要注意不影响周围环境和单位,交通不堵塞。

(2) 雨期施工期间应保持场地始终处于良好排水状态。必要时修建临时排水沟,确保施工场地、材料堆场、材料库房、生活设施以及施工过程的半成品地段排水沟渠畅通,保护材料不受水浸、雨淋。组织人力预先预防,消除隐患。

(3) 在总体安排上,低洼地段的土质路基施工、软弱地基层地段的施工、高挖深填地段的土路基施工、工程地质不良地段及管道施工应尽可能避开雨期。

(4) 雨期修筑土基路,应该做到随挖随运,随铺随填压实,根据土的透水性能每层应有2‰~4‰的横坡,并应整平。雨前和收工前将铺填松土压实完毕,不致积水。

(5) 临时排水设施与永久性排水设施相结合,所有排水出口应与有关部门协商解决。

(6) 构筑物雨期施工,及时在施工现场挖好排水沟、集水井、备足抽水机具和防雨材料。

(7) 利用雨期停工期间,做好机械、机具、车辆的保养和维修工作。组织现场管理人员学习业务,提高场管理能力和业务水平并合理安排人员生养休息。

(8) 材料堆放场,施工机械等停放地点充分考虑,避免大风、暴雨影响。

(9) 做好安全防护,检查加固基坑边坡,检查供电线路防止触电漏电,做好脚手架防滑措施。

(10) 临时设施的设备防护。

①施工现场的木工棚、钢筋棚、水泥仓库等大型临时设施,在雨期前整修加固完毕,保证不漏、不塌、不倒、周围不积水。

②施工现场的机电设备(配电盘、闸箱、电焊机、水泵等),设有可靠的防滑措施。

③雨期前应检查照明和动力线有无湿线、漏电,电杆有无腐蚀,埋设是否牢靠等,保证雨期正常施工。

(11) 怕雨、怕潮、怕裂、怕倒的原材料、构件和设备等放入室内,或设立坚实的基础堆放在较高处,或用篷布封盖严密等措施,进行分别处理。

(12) 电焊、气焊应采取措施防触电、防引爆。

(13) 起重机严禁在未经夯实的虚土及低洼处作业,雨后吊装时先试吊,确保稳妥后,再正式吊装。

2) 冬期生产措施

由于本工程计划于2005年4月1日开工,根据本地此时气候条件必须考虑冬期施工。如连续5天的日平均气温稳定在5℃以下,则此5天的第一天为进入冬期施工的初日;当气温转暖时,最后一个5天的日平均气温稳定在5℃以下,则此5天的最后一天为冬期施工的终日。

(1) 冬期在负温条件下焊接钢筋,应尽量安排在室内进行。如必须在室外焊接,其环境温度不宜低于-20 ℃,风力超过3级时应有挡风措施。焊后未冷却的接头,严禁碰到冰雪。

(2) 新浇筑的混凝土如果遭遇冰冻,由于拌合水冻结成冰,水结成冰后的体积增加约9%;同时,水泥的水化作用也停止进行。在恢复正温养护以后,水泥浆体中的孔隙率将比正常凝结的混凝土显著增加,从而使混凝土的各项物理力学性能全面下降。如抗压强度约损失50%,抗渗等级降低为零,混凝土与钢筋的粘结力大约损失50%,抗渗等级降低为零,混凝土与钢筋的粘结力也有大幅度的降低。因此,遭受过冻害的混凝土不仅力学强度降低,而且耐久性能严重劣化。例如,在施工时增加混凝土中的水泥用量提高混凝土的强度等级,虽然抗压强度可以相应增加,但耐久性仍得不到改善。因此,从保证混凝土工程全面质量出发,在冬期施工中必须防止混凝土在硬化初期遭受冻害,并尽早获得强度。

(3) 冬期施工的混凝土,为了缩短养护时间,选用普通硅酸盐水泥,水泥强度等级不宜低于42.5级,每立方米混凝土中的水泥用量不宜少于300 kg,水胶比不应大于0.6并加入早强剂。

(4) 冬期有雪时,浇筑混凝土前,应先检查钢筋和模板表面是否附着冰雪,如有黏附应先清除再灌注。

(5) 混凝土施工完毕后,应用草包、油布、塑料薄膜等进行覆盖,以达到蓄热的目的,模板的拆除应根据气温变化和强度增强而定。

五、上交资料

每人上交实训报告一份。

实 训 报 告

日期：　　　　班级：　　　　组别：　　　　姓名：　　　　学号：

实训任务	编制隧道工程施工质量技术组织措施	成绩	
实训目的			
实训内容	背景材料： 一、工程概况 横龙山（南）隧道工程起止桩号为 K0+840～K2+240，其中左线 K0+840～K1+040 和右线 K0+840～K1+100 为道路工程。横龙山（南）隧道是上下行双向六车道隧道，行车道中线间距为 52.25 m，左线隧道 K1+040～K2+240，全长 1 200 m；右线隧道 K1+100～K2+240，全长 1 140 m。其主要技术指标见表 5-1。 **表 5-1　主要技术指标** | 项目	横龙山（南）隧道工程	
---	---	---
隧道里程桩号	左线（K1+040～K2+240）	右线（K1+100～K2+240）
道路里程桩号	左线（K0+840～K1+040）	右线（K0+840～K1+100）
公路等级	城市快速路	
路线长度/km	1.4（隧道1.2）	1.4（隧道1.14）
计算行车速度/(km·h^{-1})	60	
隧道建筑限界　分离式隧道	14.25×5.5 m	
设计荷载	城—A 级	
地震基本烈度	Ⅶ度区	
衬砌结构形式	复合衬砌	
业主要求工期	2005.8.1—2007.7.31	| 二、自然特征及地质水文等条件 1. 地形、地貌 横龙山（南）隧道呈近南北走向，沿线所经地区为低山、低山间冲沟、山麓等地貌。地势呈南高北低的趋势，地形起伏大，微地貌单元较发育。 2. 工程地质条件 隧址区主要经历了第四系人工填土、植物层、冲洪积黏土、砂砾、卵石、坡积黏土、残积砾质黏土及不同风化程度的燕山期粗粒花岗岩及震旦纪花岗片麻岩。本标段左线隧道有 F3 断层，右线隧道有 F2、F3 断层。F2 断层在震旦纪花岗片麻岩与燕山期花岗岩接触带，为碎裂岩，呈黄褐、灰褐色，局部具糜棱岩化，强度相当于弱风化岩，为压扭性，产状为：倾向 195°～205°，倾角 70°～80°；F3 断层微风化花岗片麻岩中，为碎裂岩，呈黄褐、灰褐色，局部具糜棱岩化，强度相当于弱风化岩，为压扭性，产状为：倾向 234°～245°，倾角 70°～75°。 3. 水文地质特征 隧道沿线为低山、山间冲沟地貌单元，地下水主要为第四系砂卵石层孔隙潜水和基岩中的裂隙水，基岩中的裂隙水为承压水。地下水水位较深，主要受大气降水补给，其含水层为第四系砂卵石层，含水层为强、中等风化基岩层，含水性、透水性均较好。 　横龙山（南）隧道地下水稳定水位埋深为 0.40～58.00 m，相对标高为 68.160～157.620 m；地下水水质在强透水层中对混凝土结构具有分解弱腐蚀性，在弱透水层中不具有腐蚀性。 4. 地震基本烈度 隧址区地震基本烈度为Ⅶ度。		

续表

实训内容	三、主要工程数量 主要工程数量见表5-2。

表5-2 主要工程数量

序号	工程项目	单位	数量	备注
一	隧道工程			
1	隧道全长	m/座	2 340/2	
2	洞身开挖	m³	376 100	
3	喷混凝土	m³	30 144	
4	锚杆	t	280	
5	混凝土	m³	88 200	
6	防水层	m²	64 529	
7	喷涂	m²	58 939	
8	装饰板墙面	m²	19 930	
9	隧道机电设备（电气）	项	1	表中所列数量，依据《招标文件》工程数量清单统计得出，均为左线隧道和右线隧道合计数
10	主变电所	项	1	
11	隧道内管线（电缆沟等）	项	1	
二	道路工程			
1	路基全长	m	460	
2	路基挖土方	m³	109 300	
3	路基挖石方	m³	46 850	
4	路基挖淤泥	m³	1 000	
5	路基水泥稳定层	m²	9 000	
6	道路排水边沟	m	1 033	
7	人行道板	m2	575	
8	移树	棵	375	
三	管线工程			
1	高位水池	200 m³/座	1	
2	2.2×2.2箱涵	m	400	
3	雨水管	m	101	
4	给水管	m	883	
5	沟槽土石方	m³	9 700	
6	电缆沟	m	192	

四、确保质量的技术组织措施

质量目标：横龙山（南）隧道分项工程一次检验合格率100％，单位工程质量评定合格率100％，优良率达95％以上，确保成为深圳市优质工程，争创鲁班奖。

问题：试根据以上所给资料，编制确保工程质量的技术组织措施。

续表

实训内容	
实训总结	

实务二

施工进度技术组织措施编制

一、实训目的与要求

（1）知道施工进度技术组织措施的分类。
（2）知道影响施工进度的主要因素。
（3）能够描述施工进度技术组织措施的基本内容。
（4）准确完成工程项目施工进度技术组织措施的编制。

二、实训步骤与方法

确保工程进度、按期交付使用的工程，标志着投资方的投资见效，也表明投资资金开始回收。编制工程项目施工进度技术组织措施的步骤与方法如下：

（1）调查工程项目所在地的气象、地质、水文等条件。
（2）熟悉施工进度计划文件。
（3）调查工程物资供应、机械设备等情况。
（4）深入分析施工方案具体内容，仔细研究各分项工程的施工顺序，重点分析关键工程的工期安排。
（5）根据工期要求，考虑冬期、雨期的施工进度安排。

三、实训要点

不同的工程项目各有其不同的特点，在制定确保进度的技术组织措施文件时，不能千篇一律。一般来说，确保施工进度的技术组织措施有如下几点：

（1）确定工程的工期目标。
（2）建立和完善进度保证制度。
（3）结合工程项目的具体情况，制定确保工期的保证措施。
（4）设立重点、难点及技术复杂分部、分项工程施工进度的控制措施。
（5）编制技术复杂、易出质量问题的施工环节的进度保证措施。

四、实训范例

（一）工程概况

1. 项目位置及主要工程项目

新原高速公路第四合同段位于代县境内,起讫里程桩号为 K105+350～K106+660,全长 1.31 km,距代县白草口乡约 3 km,经该乡小沟村,与雁门关隧道相接,交通便利。本合同段主要工程项目为白草口Ⅲ号大桥、小沟特大桥及 14.96 万 m^3 挖方。

2. 气象条件

本合同段的区域气候属温带大陆性季风气候,区域内四季分明,冬季漫长,寒冷干燥,夏季较短,湿热多雨,春秋两季气温凉爽。

全年平均气温为 4 ℃～6 ℃,最高气温达到 40 ℃,最低气温为 -28 ℃,降雨多集中在 7、8 月份,平均年降雨量为 600 mm,年蒸发量为 2 024.6 mm,全年大风日为 40～60 天,霜冻期从 10 月下旬到来年 4 月中旬,全年达 6 个月左右。

3. 水文地质

(1) 地层岩性。合同段起点至 K106+450 段,出露基岩为片麻岩(A2CO1),下部为太古界五台群地层和变质花岗岩,沟谷中为洪积砾石堆积;K106+450 至合同段终点,出露基岩为太古界五台群变质岩和五台期吕梁期变质花岗岩。

(2) 地质构造。本合同段属恒山基岩山区和基岩浅埋路段,为强烈隆起中高山地,组成物质为变质岩系,路段内发育断层两条,新生代以来都处于稳定状态,均属老断裂。其中,K105+500 处正断层,长为 1.5 km,宽为 5～30 m,走向为 30°,倾角为 45°,断层局部呈弧状弯曲,构造角砾,高岭土化,断层发育;K106+150 处正断层,长为 1.5 km,宽为 15 m,走向为 70°,倾角为 60°～75°,断面平直,破碎带发育,有棱角状、次棱角状围岩。

(3) 水文条件。本合同段所经地区水资源贫乏,主要水源来自暴雨,经沟渠汇集于下游河床。

(4) 地震。根据 1∶400 万全国地震烈度区划图及地震构造环境分析,本区域地震烈度为Ⅶ度。

(二) 工期保证措施

1. 工期目标

开工日期:2006 年 9 月 1 日。

业主要求竣工日期:2008 年 6 月 30 日。

承诺竣工日期:2008 年 6 月 15 日。

2. 工期保证措施

工期是工程建设项目控制的重要目标,为确保工期,中标后我单位将立即组织人员及机械设备进入施工现场,做好临时便道、施工用水、电、通信、仓库、生产生活设施建设及技术准备、物质准备等各项施工准备工作,为尽快施工创造有利条件,并采取以下措施,确保工期目标的实现:

(1) 加强组织领导,选派精良的施工队伍,以组织保工期。按照"精干机构、精良设备、精兵强将"的原则,组成一支精干、高效的工程项目经理部,组成施工作业层。根据工程特点投入足量专业化施工队伍进行施工,减少中间环节,加强施工能力,合理部署,严密、科学组织施工。上场劳动力数量和人员技术素质满足工程需要,加快施工进度。

(2) 认真编制实施性施工组织设计和进度计划,以计划保工期。中标后,我方立即组织编写详细的"实施性施工组织设计"和"分项工程施工组织设计",并以此为依据,编制相应的工程总体网络进度计划和年、季、月、周进度计划,对施工实行网络计划管理,按季节特点合理组织施工。施工中严格按施工组织设计和网络进度计划展开工序流水作业,各分项、分部工程要协调配合,全面展开施工,对施工中发生的情况变化及时修改计划,每周一总结,提出问题,查找原因,提出措施,确保每月、每季度工期兑现。

(3) 提高施工机械化程度,以提高劳动生产率保工期。调配良好的机械设备投入施工以满足施工需要,提高施工机械作业程度和劳动生产率;同时,在施工中加强机械设备的维修和保养,提高机械设备完好率,保证机械设备出勤率为90%以上,充分发挥我处机械化程度高的优势,以先进的机械设备保工期。

(4) 加强材料管理,保证合格材料供应。加强物资的采购、供应、管理工作,保证物资供应。工程项目经理部设专业材料供应系统,有较大的采购供应网络和供应能力,足以保证物资供应,绝不会出现停工待料的情况。根据材料计划采购全部材料,备足砂、石料、水泥、钢材、木材、油料等材料和施工周转材料。

(5) 认真优化施工方案。我处中标后,立即编制实施性施工组织设计,详细编制年、季、月计划,合理、周密地进行部署,对冬季、节假日、雨季等特殊情况作出具体筹划,保证工程进度不受其影响。

施工中抓好工序配合,抓好重点、难点、关键工序,形成一环扣一环的生产流程,重点、难点工序有具体施工措施,关键工序有保证措施,以关键带动一般,以日产量保月产量,月产量保总工期。

(6) 保证工程质量和施工安全。质量管理中推行"自检、互检、专检"的质量三检制度,安全生产中坚持"三个不变""三不放过"的安全生产制度,杜绝质量事故和安全事故,保证各项工程项目按计划有条不紊地进行,避免工程质量和施工安全干扰影响工期。

(7) 加强资金管理,做好资金调控。加强资金管理和运筹,搞好资金调控,按合同要求搞好验工计价,做好资金管理,专项专用,避免资金影响生产。

(8) 做好征地拆迁工作,确保各分项工程按期进行。项目经理部配备强有力的征地、拆迁工作班子,配备熟悉业务的工作人员,在业主、当地政府的支持下,把征地拆迁工作提前做好,保证工程能按期开工、顺利施工。

(9) 做好水、电等配套工作,确保工程连续施工。确保工程用电、用水并自备发电机组,保证施工高峰期及停电时的连续施工。

(10) 做好与各方的协作配合关系,确保工期顺利完成。工作中注意做好协调配合工作,尊重、维护监理工程师和业主的权威,认真执行监理工程师的指示和业主的各项规定、要求。发现设计中的问题,要及时主动与设计单位联系,合理解决。搞好与当地政府、当地企业和人民群众的关系,主动联系,友好协商。

3. 雨期和冬期施工的安排
1) 雨期施工的安排
(1) 雨期施工项目。在2007年雨期到来前,路基工程已经完成,其他施工项目为桥梁有关项目的施工,雨期时基本正常进行施工,但需要加以必要的防护措施。
(2) 雨期施工措施。
①雨期加强与气象部门联系,随时掌握天气情况,做好雨期施工及防洪、排洪工作。
②雨期进行混凝土施工时,要随时测定砂、石含水率,以保证混凝土配合比正确。雨

期施工混凝土时，要提前准备好塑料薄膜等遮盖物，避免刚浇筑的混凝土遭受雨水冲刷。

③夏季施工时，混凝土混合料的温度不应超过 32 ℃，为此，对集料及其他组成部分要遮阴、围盖或冷却，必要时喷水以冷却集料。

在生产及浇筑时，对配料、运送、泵送及其他设备遮阴或冷却，与混凝土接触的模板、钢筋、钢架翼缘及其他表面，在混凝土施工前，应采取以湿麻布或草袋、喷雾状水等方法冷却至 32 ℃以下。

桥面板及桥面铺装混凝土浇筑温度应不超过 26 ℃。蒸发率大于每小时 0.5 kg/m^2 时，则不应在桥面板、桥面铺装或其他暴露的板式结构上浇筑混凝土。

④夏季悬臂梁施工时，需要考虑防风措施。

a. 本桥的施工工期为两年左右，在上部连续梁悬臂浇筑过程时，应该根据已有的风速、风向、雷雨天气的气候记录，避开怪风、雷雨大风天气，尤其在中跨合拢前，桥梁结构抗风稳定性最弱的阶段，这是抗风安全的首要措施。

b. 施工过程中临时结构设计时应充分考虑风荷载的影响，提高结构刚度，提高临界风速，从而提高结构的抗风能力。这不仅要求在临时结构的设计中充分考虑风荷载的不利影响，还要根据天气预报和现场实测的风速、风向等数据对施工中的临时结构的安全性作出评估。

c. 在梁体混凝土悬臂灌注时，认真控制截面的施工尺寸，并注意梁上施工机具的布置，做到平衡施工，以减少附加弯矩对结构抗风能力的影响。

⑤夏季进行高空作业时，需要考虑防雷措施，在高空适当位置安装避雷针。

2）冬期施工的安排

(1) 冬期施工项目。根据工程任务的特点以及本地区冬季的气候特征，滑模施工和悬臂灌注梁施工均不适合进行冬期施工，所以在本项目的施工中基本不计划进行冬期施工，仅在 2006 年冬季安排部分项目的施工。为了争取工期，避免悬臂灌注梁进行冬期施工或在未合拢前悬臂过冬（致使已灌注部分长时间悬臂），需要在 2006 年年末将所有小沟特大桥主桥承台以下部分完成，以便在 2007 年春季开工即可进行空心墩的滑模施工，部分桥台、承台有可能需要在低温下施工，小沟特大桥引桥的桩基础及白草口大桥的桩基础需要利用 2005 年冬季完成。其他工程项目一般均在正常气温下施工，2007 年冬季不安排施工项目。

(2) 冬期施工措施。根据施工安排，2006 年冬季进行的桩基础施工和小沟特大桥主桥承台的施工，需要考虑混凝土的冬期施工措施，措施如下：

①在桩位附近搭设暖棚拌和混凝土。

②集料和水进行加温处理，并且其温度控制在规范规定的温度以下。现场设锅炉 2 个，分别在进出口烧水；在进出口设炒砂台 4 个，进出口分别 2 个，混凝土拌合站设在帐篷内，在对角设煤炉生火，保持帐篷内温度在 20 ℃以上，混凝土拌和温度在 10 ℃以上，混凝土入仓温度高于 5 ℃，在洞口挂帐篷布进行洞内保温。

③采用二次投料进行拌和，即首先将水和集料进行拌和，再加入水泥，这样既能防止水泥可能与 80 ℃以上水直接接触，又提高了混凝土的强度。

④混凝土采用输送泵输送，使混凝土迅速送到灌注地点，防止在运送过程中受冻。同时，输送泵的管道考虑保温措施。

五、上交资料

每人上交实训报告一份。

实 训 报 告

日期：　　　　　班级：　　　　　组别：　　　　　姓名：　　　　　学号：

实训任务	编制确保公路工程施工进度的技术组织措施	成绩	
实训目的			
实训内容	背景材料： 一、工程概况 亳州至阜阳高速公路是国家重点公路山东东营至香港（口岸）公路的一段，本项目起点接河南省商丘至营廓集高速公路，终点与界阜蚌高速公路相接，全长 99.97 km。 二、地形地貌 亳州至阜阳高速公路位于安徽省西北部，地跨亳州、阜阳两个市，位于北纬33°10′～34°51′，东经115°45′～115°52′。本项目起点位于黄淮海平原南缘，地形平坦，为典型的堆积型地貌。公路选线范围内区域地貌属黄淮冲积平原，位于黄河冲积扇平原的前缘与淮河冲积平原的交界处，为一地势平坦开阔，微有波状起伏的平原形态。地势由西北向东南微倾，坡降为 1/4 000～1/10 000，地面标高为28～47 m，物质组成为第四系全新统灰黄色粉质黏土和棕红色黏土、上更新统青灰及青黄色粉质黏土。区内地貌分为冲积平原与剥蚀冲积平原。 三、气候水文条件 本项目先线区域位于中纬度内陆，属暖温带半湿润季风气候，季风明显，四季分明、雨量适中、光照充足，无霜期长。由于该区兼有南北方气候之长，水资源优于北方，光资源优于南方；同时，又兼有南北方气候之短，受季风影响大，冷暖气团交替频繁，天气多变，常有旱、涝、低温、霜冻、干热风、冰雹等自然灾害发生。 区内多年平均气温为 14.4 ℃～15.1 ℃，极端最高气温（7月）达 42.1 ℃，极端最低气温（1月）为－20.6 ℃。 区内年日照时数为 2 174～2 425 h，年无霜期为 210～230 天。 区内雨量充沛，降雨量年际变化较大，多年平均降雨量为 746.4～895.5 mm，丰水年降雨量在（最多 7月）1 618.7 mm，旱年降雨量在（最少 1月）440.8 mm，而且降雨年内分布不均，6—9月降雨量较大，11月至翌年 2月降雨最小。区内降雨具有降雨量大、降雨延续时间长、短时间雨强度大等特征。本区暴雨和夏季高温炎热气候对公路建设不利。主汛期一般在 6—9月，洪峰多出现在 7—8月，年平均蒸发量为 1 695.3～2 109.1 mm，相对湿度为 70%～74%。 四、施工进度组织措施 1. 工期安排 业主要求开工日期：2007 年 12 月 5 日；要求竣工日期：2009 年 8 月 5 日。 我方承诺开工日期：2007 年 12 月 5 日。根据我单位施工能力，计划提前 35 天完工，即竣工日期为 2009 年 7 月 1 日，工期为 19 个月。 2. 工期保证体系 选派强有力的项目班子和具有丰富施工经验的专业化施工队伍，科学、合理地安排施工工序和施工进度，并在实施过程中及时调整进度计划，加强组织管理及协调，保证技术、人、材、物、机供给，积极推广"四新"技术和建立竞争机制。 问题：根据以上所给资料，编制确保该工程施工进度的工期保证措施。		

续表

实训内容	
实训总结	

实务三

施工安全技术组织措施编制

一、实训目的与要求

（1）知道施工安全技术组织措施的作用。
（2）知道影响施工安全的主要因素。
（3）能够描述施工安全技术组织措施的基本内容。
（4）能够准确完成工程项目施工安全技术组织措施的编制。

二、实训步骤和方法

工程项目施工往往存在高空、爆破等危险作业，安全生产至关重要。工程项目在施工时只有采取一定的安全措施，才能减小或消除事故隐患。编制施工安全技术组织措施的步骤与方法如下：

（1）熟悉图纸和施工现场。
（2）调查工程施工中用到的机械设备情况。
（3）调查施工中可能用到的易燃、易爆品等存放情况。
（4）调查施工中重点、难点工程施工工序。
（5）调查有无爆破施工、夜间施工等情况。
（6）调查工程项目与既有线路相近施工情况。
（7）调查施工现场平面布置时临时用电线网架设情况。

三、实训要点

施工方案（或设计）是指导施工具体行动的纲领，其安全技术措施是施工方案中的重要组成部分。在工程施工前必须制定安全技术措施：

（1）确定工程的安全目标。
（2）建立和完善安全保证制度。
（3）结合工程项目的具体情况，制定确保安全的具体措施。
（4）设立重点、难点及技术复杂分部、分项工程施工安全的控制措施。
（5）编制技术复杂、易出质量问题的施工环节的安全保证措施。

四、实训范例

(一) 工程概况

池州电厂一期工程 2×300 MW 发电机组,由安徽电建一公司于 2007 年 7 月 22 日中标承包施工,目前电建一公司池州电厂项目部已进驻施工现场并全面展开工作,混凝土预制桩具备招标条件。

(二) 工程范围、内容及工程量

本标段工程为池州电厂混凝土预制桩工程,预制桩型号为 97G361 图集中的 JZHb-250-1112CG(烟囱桩基)及 JZHb-250-1414CG(主厂房桩基),混凝土强度等级为 C40,单桩竖向承载力为 1 500 kN。工程范围、内容及工程量如下:

烟囱桩基:预制桩运输(安庆老峰电厂至现场),打、接、送混凝土预制桩(锤击),桩孔回填土施工,配合高低应变试验。桩规格为 500 mm×500 mm×23 000 mm,约 200 根。

主厂房桩基:桩预制,施工现场运输倒运及打桩、接桩、送桩(锤击),桩孔回填土施工,配合高低应变试验。桩规格 500 mm×500 mm×28 000 mm,约 2 200 根。

(三) 工期要求

烟囱桩基:2007 年 8 月 5 日开始进行预制桩运输,8 月 10 日开始打桩;2007 年 8 月 20 日结束(日历天为 15 天)。

主厂房桩基:开工日期为 2007 年 8 月 5 日,竣工日期为 2007 年 10 月 31 日(日历天为 87 天)。

(四) 确保施工安全的技术组织措施

1. 安全目标

结合本工程特点,安全目标规划是:贯彻落实"安全第一,预防为主"的方针,结合桩基施工特点,制定严密的安全措施,杜绝施工人员工伤以上事故,杜绝机械设备及交通肇事责任事故,杜绝重大火灾、爆炸事故,确保施工安全。

2. 安全保证体系

(1) 安全保证体系。安全保证体系框图如图 5-2 所示。

(2) 安全保证体系说明。开工前培训,对职工进行安全教育,强化基本知识、基本素质的培训,使参建职工充分认识到"安全生产,人人有责",从而在思想上达到安全生产的目的。

建立健全安全组织,贯彻国家有关安全生产和劳动保护的法律、法规。安全工作是一项多层次、全方位的系统工程,必须全员参与、全过程管理,项目部成立以项目经理为首的安全领导小组,配备专职安全工程师,各部门积极配合实行项目部、工程队、工班三级安全管理,各级第一管理者亲自抓安全。保证安全目标落到实处,保证作业现场整体受控。定期、不定期组织安全检查,发现问题及时处理解决。

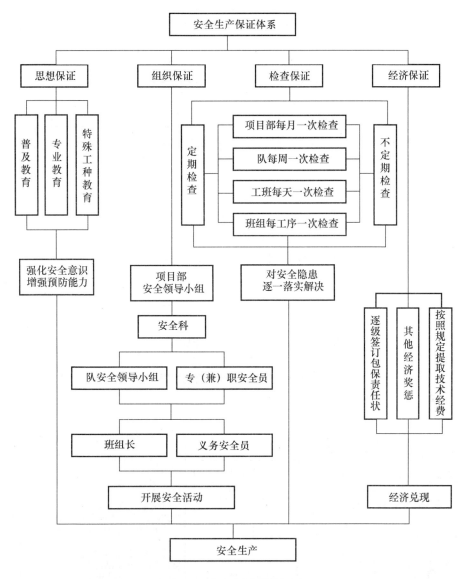

图 5-2 安全保证体系框图

逐级签订安全包保责任状，建立安全奖惩制度，将安全与效益挂钩，使各级明确自己的安全目标，制定好各自的安全规划，达到全员参与、全面管理、全方位监控。

3. 建立安全责任制及健全各级安全组织

(1) 在批准开工报告前，与发包单位双方签订《安全责任状》并严格遵守。

(2) 项目部、施工队建立以主管负总责的安全领导小组，各级设专职安全检查员，工班设兼职安全员，形成安全管理网络。建立各级安全责任制，充分发挥安检员的作用，跟班督导检查，及时消除险情隐患。工地设卫生保健所。

安全管理组织机构框图如图 5-3 所示。

(3) 安全管理组织机构职责划分。安全管理组织机构职责划分框图如图 5-4 所示。

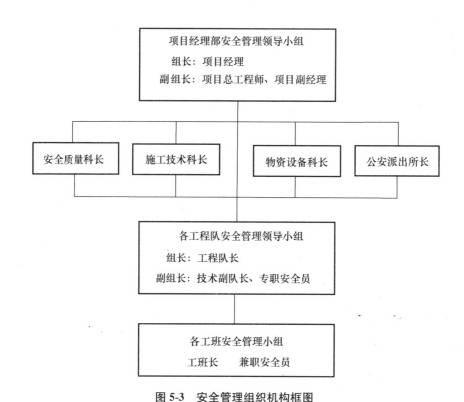

图 5-3 安全管理组织机构框图

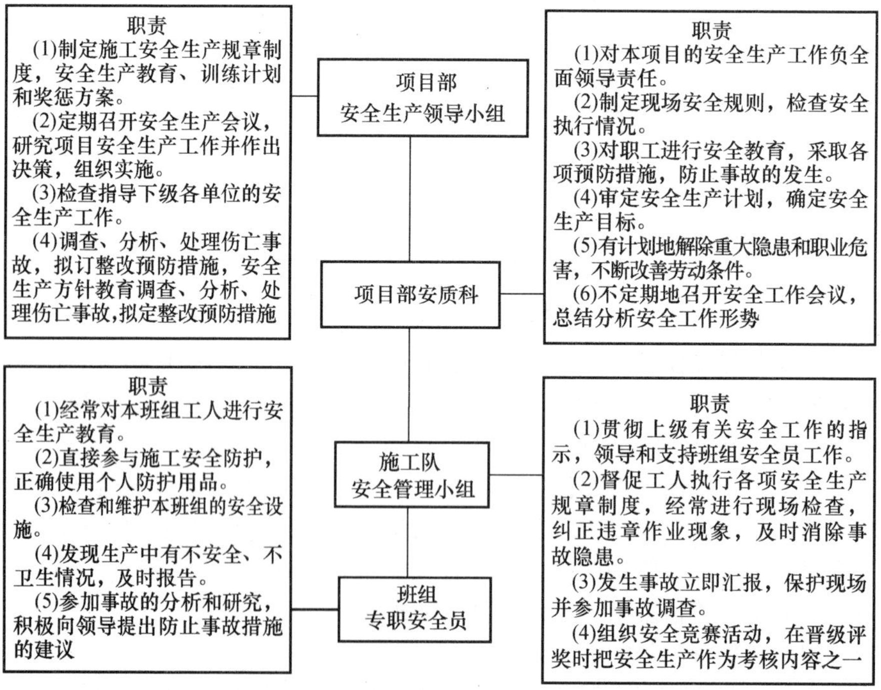

图 5-4 安全管理组织机构职责划分框图

4. 安全管理制度
1) 安全生产责任制
(1) 项目经理的安全生产责任。
①认真贯彻落实国家和上级有关安全方针、政策、法规和标准，严格按章办事。在计划、布置、检查、总结、评比施工生产时，把安全工作作为重要内容，列入议事日程。
②负责制定和审查安全管理标准、方针目标和安全规划，领导本项目部开展全员、全方位、全过程的安全管理活动。
③负责组织安全大检查和职工死亡事故的调查和处理工作。
④正确处理安全与进度、经济效益的关系，对因不重视安全工作，违章指挥或因决策失误而造成的人身伤亡事故承担领导责任。
(2) 项目副经理的安全生产责任。
①协助项目经理贯彻执行上级的有关安全方针、政策、企业的各项安全管理标准和规定，积极支持项目经理和安全人员的工作。
②负责对干部、工人的思想政治教育工作，及时疏导职工在施工生产过程中的思想反映，排除职工的后顾之忧，不断强化职工的安全意识。
③对由于思想教育工作跟不上，职工思想工作做得不细、不及时而引起的职工伤亡事故承担领导责任。
(3) 项目总工程师的安全生产责任。
①协助项目经理贯彻落实上级的有关安全方针、政策、施工规范和技术标准，制定本项目部的安全技术标准和实施细则。
②在组织编制施工组织设计及制定施工方案、工艺时，必须同时制定有保证施工安全的技术措施，并坚持先交底后施工的原则。
③组织重大的施工技术审定和处理，督促检查实施标准、规范的执行情况。对违反标准、规范、规则的单位或个人有权停止施工和暂停作业。
④参加职工死亡事故的调查和处理，组织技术力量对事故原因进行分析、鉴定，并提出改进的措施和意见。对因技术方面原因造成的职工伤亡事故承担技术领导责任。
(4) 安全监察人员的安全生产责任。
①负责监督检查施工安全、行车安全、人身安全以及机械设备和汽车运输安全工作，对贯彻执行国家、铁道部和总公司有关安全方针、政策、法规等情况进行监督检查。
②经常深入基层、深入施工作业场所进行安全检查，把主要精力放在预防事故的工作上。要经常组织安全检查、评比活动，实施安全奖罚事宜。
③参加工程项目的开工审查和验收，对不具备安全生产条件的，有权制止和投入使用。
④对危及职工安全与健康的作业场所、设备、机具，有权进行检查，必要时发出《安全监察指令书》限期改进。对逾期不改的，依照有关经济处罚条款进行处理。
⑤参加事故调查和处理，负责事故统计、报表、报告、管理事故档案等。对因工作责任心不强，不坚持原则，甚至工作失职造成的伤亡事故承担直接责任；对弄虚作假，隐瞒事故甚至任意改变事故性质的行为承担法律责任。
(5) 工程队长的安全生产责任。
①认真贯彻执行上级有关安全法规、标准，严格按照操作规程、安全技术规则组织

施工。

②结合施工现场实际,制定有效的安全规章制度和保证措施。

③组织定期的安全大检查,对自查和上级检查指出的问题,必须认真研究,及时组织整改。

④负责对职工进行安全生产宣传教育,督促对特殊工种的培训、考核和持证上岗情况。

⑤对不执行上级的指示,甚至违章指挥,盲目蛮干而造成的职工伤亡事故承担直接的领导责任。

6) 专职安全人员的安全生产责任。

①施工队专职安全员在施工队长的领导下进行工作,业务上受上级安全管理部门的具体指导。

②协助施工队领导制定和修订安全规章制度,并监督和检查落实情况。

③经常深入施工现场进行安全检查,发现违章作业,及时进行制止和纠正。遇到不听劝阻者,有权先停止其工作,并有权处以100~500元的罚款。

(7) 工班长的安全生产责任。

①带领全工班认真贯彻上级有关安全的方针、政策,严格执行安全管理标准和技术操作规程。

②每日班前应结合当天施工任务,向职工交代安全注意事项,总结当天的安全生产情况,并同下一工班做好交接工作,交接班应有文字记录。

③做好施工过程中的巡回安全检查,对事故隐患和事故苗头,负责组织及时消除。属于工班不能解决的,应及时报告上级领导。

④对不具备安全生产条件、人身安全得不到保证的工作项目,有权拒绝施工,对违章指挥有权抵制。

⑤发生事故后应立即组织人员抢救,保护好事故现场,立即向上级领导报告并对事故的准确性负责。

⑥对发现违章作业,盲目蛮干不予制止,事故隐患不及时消除,致使发生人身伤亡事故的,承担直接的领导责任。

(8) 操作人员的安全生产责任。

①积极参加各项安全活动,刻苦学习安全技术知识,不断提高安全操作技能。

②自觉遵守各项安全规章制度,服从领导和安全人员的指导和劝告,同时有责任制止他人违章作业。

③对因违章操作、盲目蛮干,甚至不听指挥和他人劝告而造成的经济损失或人身伤亡事故承担直接的责任。

(9) 项目经理部有关职能部门的安全生产责任。

①施工技术科:负责编制施工组织设计、施工方案,安排施工进度时,要制定有保障安全的技术组织措施。对新建、重建、难建的工程项目要制定专门的安全措施,并进行详细的技术交底和检查落实。参加安全检查和工程作业事故的调查和处理工作。

②物资设备科:负责贯彻执行上级有关机械设备、车辆运输安全管理规定,及时掌握设备动态、数量、技术状况以及安全情况。凡是购置的新设备(包括自制设备),必须在使用前进行技术鉴定,并对操作人员进行技术培训。定期组织对机械设备和车辆管理的安全

检查，确保安全运行。负责组织机械、汽车事故的调查和处理工作。负责按计划采购和供应符合安全技术规范所需的设备和材料。认真执行对易燃、易爆物品采购、请领、运输、储存、发放等管理制度，严格手续，确保安全。

③计划统计科：在编制下达施工生产计划时，应下达安全技术组织措施经费计划。

④财务科：按照国家规定和所需实际开支提取安全技术措施经费，并单设科目，专项管理，按规定作业。

2）安全教育和技术培训制度

①抓好开工前的安全教育。每项工程开工前，施工单位应针对所担负的工程项目、施工特点、地理环境等，向职工进行系统的安全教育和技术交底工作。

②坚持安全教育和培训制度。项目经理部全面教育每月1~2次，工程队坚持每周安全教育制度，对担负重点工程项目和重点岗位的专业人员要集中教育，重点培训。

③抓好施工现场的安全宣传教育。对施工现场，要设立有固定的安全宣传标语和安全警示牌，施工便道转弯，上、下坡和油库、料库、配电房、变电站等处，必须设置安全警告标志。

3）安全生产检查制度

(1) 安全"三检制"：施工班组坚持做到工前有布置、工中有检查、工后有讲评的"三工"制度，并做好记录。同工种上下班之间或多工种上下工序之间，应认真进行交接班检查，并做好记录。队主管工程的领导对所管辖区域内的安全生产情况应经常进行检查，及时消除事故隐患。

(2) 定期安全检查：项目经理部每周要全面组织一次安全检查，对重点工程的安全工作要加强检查的力度和次数。

(3) 开工前安全检查：每项工程开工前，项目部会同各施工队的有关部门组织安全检查验收，确认合格才能开工。验收内容包括：施工组织设计是否有安全措施，施工机械设备是否符合技术和安全规定，安全防护设施是否符合安全要求，施工人员是否经过安全教育和培训，施工方案是否进行技术交底，施工安全责任制是否建立等。

4）安全事故申报制度及调查处理制度

(1) 事故申报范围。凡是职工在生产和工作过程中因工发生的死亡、重伤和轻伤事故，均应列入《职工伤亡事故统计报表》内统计。

职工非因工发生的伤亡事故和由我方负主要责任造成企业职工以外人员的伤亡事故，企业职工在国有公路上发生的汽车交通伤亡事故，均应列入《伤亡事故月报表》内统计。

(2) 事故报告。

①快报：发生职工一次负伤五人或一次重伤三人以上事故，应将事故发生的地点、时间、人员伤亡情况，初步原因分析等简要用电话、电报、电传或派人等方式，立即报告建设单位，最迟不超过 10 h。

②电话月报：项目经理部于每月1日前，按《伤亡事故月报表》所规定的项目，用电话向建设单位报告上月的事故情况。

③书面月报：项目经理部主管部门，将工程队人员填写好的《企业职工伤亡事故》月报表、年报表汇总后，及时向建设单位报送。报送时间：月报表在每月终了后5日前，年报表在次年1月5日前报送建设单位。报表必须加盖项目经理部公章和项目经理签字。

（3）事故调查。职工轻伤、重伤事故，由项目经理或其指定人员组织技术、安全等有关人员组成事故调查组进行调查。职工死亡、一次发生职工重伤三人以上或一次负伤五人以上的事故时，由有限公司总经理或者指定负责人带领安全、技术、劳资、工会等有关部门组成事故调查组调查。发生职工重大伤亡事故，由企业指定负责人带领有关部门进行调查。

（4）事故调查组的职责。事故调查组的职责是：查明事故发生的原因、经过和人员伤亡、经济损失情况；确定事故责任者；提出事故处理意见和防范措施的建议；写出事故调查报告。

（5）事故处理。无论是发生职工轻伤、重伤还是死亡事故，必须按照"三不放过"（原因不查清不放过、责任者和群众没有受到教育不放过、无防范措施不放过）的原则进行处理。

任何单位和个人不得隐瞒事故和任意改变事故性质。如有隐瞒不报，故意迟延报告和擅自改变事故性质的，除责成补报外，要追查有关人员的行政责任和给予经济处罚。构成犯罪的，由司法机关追究刑事责任。

5）安全目标管理奖罚制度

（1）奖励。月安全奖：施工队全月没发生职工因工伤亡（包括机械、汽车交通死亡）事故，由单位写出请奖报告，报项目经理部审核后，给予通报表扬，并发给单位奖金10 000元，发给项目负责人和主管安全工作业务部门的领导奖金各1 000元，有其中一项指标超过规定的不得奖励。

突出贡献奖：对于在预防事故和抢救险情中，为企业避免遭受重大经济损失和重大人身伤亡事故的集体和个人，可随时给予精神奖励和物质奖励。

奖励金来源：奖励金从职工奖励金和项目部事故罚款以及一次性生产效益综合奖支付。

（2）罚款。凡发生职工人身伤亡事故的单位，按规定处以罚款。

（3）罚款金支付。事故罚款按项目部签发的《职工伤亡事故罚款通知书》办理。罚款在企业的自有资金项下支付，项目部财务部门列入有关科目，作为安全的专项奖励基金，由项目部安质科统一掌握使用。

各级安监部门对伤亡事故应加强执法检查，认真考核，对弄虚作假、隐瞒事故、骗取荣誉和奖金的单位，一经查出，除撤销荣誉外，并处以相等数额的罚款和追查有关人员的责任。

5. 保证安全的管理措施

（1）建立安全管理网络及安全责任制。项目部、施工队建立以主管负总责的安全领导小组，各级设专职安全检查员，工班设兼职安全员，形成安全管理网络。建立各级安全责任制，充分发挥安检员的作用，跟班督导检查，及时消除险情隐患，工地设保健站。

（2）加强安全技术教育，强化全员安全意识。贯彻落实"安全第一，预防为主"的方针，认真执行《中华人民共和国安全生产法》《中华人民共和国劳动法》《中华人民共和国消防法》和电建一公司电厂项目部制定的相关安全管理办法。结合工程实际对参建职工进行经常性的安全技术教育、交通规则及法制教育。开工前，组织全体职工认真学习《电力建设安全健康与环境管理工作规定》及有关桩基工程施工的各项安全管理办法与规定等。工程队长、工班长具备必需的施工安全素质，安全员、防护员、工班长及其他特殊作业人员必须经培训考试合格后，持《安全环境教育合格上岗证》、戴胸卡上岗。强化全体参工人员的安全意识，提高自我保护能力，做到遵章守规、遵纪守法。

(3) 贯彻落实各项安全制度和防护措施。认真贯彻落实营业线施工许可证制度，严格执行施工方案逐级审批制度、与运营组织及设备管理单位签订施工安全协议制度、落实要点施工干部逐级包保责任制。建立与完善安全技术书面交底制度、安全技术教育制度、安全奖罚细则、安全检查整改措施及相关专业、险工部位与岗位的操作规程，使全体参工人员有章可循、有法可依。结合具体施工项目，编制严密的施工安全技术措施、冬雨季与夜间施工安全技术措施和防汛抗洪措施，保证施工现场安全防护设施的资金投入。

6. 施工机械设备安全措施

加强机械设备日常检修保养，不带故障作业。吊装作业必须编制严密的安全技术方案与措施，设专人指挥，做好作业区警戒。土方调运汽车穿越村镇及作业现场时，行车速度不超过 15 km/h。重载或大件车过乡道桥时，必须事先查明其承载力，且采取可靠的加固措施保证安全。

7. 人员安全劳保措施

施工现场布设醒目的安全标牌、标志，作业人员必须戴安全帽。高处作业系安全带，设护栏、挂安全网，人员上下设专用扒梯或坡道。5 级风（风速为 10 m/s）以上天气，停止高处及吊装作业；从事有危害健康的作业人员必须穿戴相应的劳保用品。

8. 加强消防安全工作

与有关消防部门签订消防安全责任协议。项目部成立以公安派出所所长负责的消防安全领导小组，各工程队组建消防小组，对职工进行消防安全教育，制定相关制度。办公及生活区设室外消火栓及消防器材。

9. 加强施工用电管理

现场设变配电室，专职电工管理，场内电力干线采用橡皮线或电缆，用电点设配电箱或开关箱并加锁。设专职电工进行日常管理、检修维护供电系统，严禁乱接、乱拉电线。机电设备必须有良好的接地。

10. 防汛及防雷措施

项目部成立防汛领导小组及抗洪抢险队。密切注意天气、水文预报信息，提前做好应急方案与防范准备，人员及施工机械撤至安全地域。易燃、易爆器材库设避雷针，接地电阻不大于 10 Ω。打桩架设良好的防雷接地设施。

11. 雨期、夜间安全措施

雨期采取必要的防滑措施，做好现场及道路排水系统；夜间作业现场布设足够的照明设施。

12. 未达到安全要求的受罚条款

我单位若未达到安全要求，接受发包单位给予处罚。

五、上交资料

每人上交实训报告一份。

实 训 报 告

| 日期： | 班级： | 组别： | 姓名： | 学号： |

实训任务	编制公路工程施工安全技术组织措施	成绩	
实训目的			
实训内容	背景材料： 一、工程概况 新疆维吾尔自治区国道217线克拉玛依至独山子段公路改建工程，路线起于克拉玛依市国道217线原一级公路与二级公路相交处北侧K403+300处，沿国道217线南行经五五新镇、共青城，在奎屯市西南下穿兰新铁路西线，再南行1.5 km后，与拟建的奎（屯）赛（里木湖）公路（连霍国道主干线的组成部分）立交，向南下穿独山子炼油厂铁路专用线后与国道312立交，南行2.5 km再次下穿独山子炼油厂铁路专用线，南行4 km折东行沿克拉玛依市独山子区韶山路向东止于与北京路交叉处，终点桩号为K551+741.585。路线全长148.449 81 km，实际改建路线全长125.891 39 km。 本路段与老路平面线位不变，单侧加宽为主，少量双侧加宽，原路面作为垫层，加铺底基层、基层和面层。沥青混凝土、水泥稳定碎石及稳定砂砾要求用厂拌施工。 路面结构从上向下依次为：3 cm厚密级配细粒式沥青混凝土+4 cm厚中粒式沥青混凝土+20 cm厚水泥稳定砂砾+25 cm厚天然级配砂砾。 本标段互通立交2处：金龙镇互通立交和九公里互通立交；涵洞13道，结构形式主要为钢筋混凝土盖板涵；通道6道。 二、气象水文资料 1. 气象资料 新疆深居欧亚大陆腹地，远离海洋，具有典型的大陆性气候特征。寒暑差异悬殊，夏短酷热、冬长严寒，气温变化剧烈，降水稀少，蒸发强烈，气候极为干燥。 国道217线路中段的克拉玛依市位于准噶尔盆地西缘，加依尔山南麓，克拉玛依以及准噶尔盆地的降水，主要来自西风气流，这种气流所带的水分有限，造成了盆地的干旱气候特征。克拉玛依夏季气温较高，冬冷夏热，春秋较短，全年降水量少。新疆风多是全国有名的，克拉玛依是新疆著名的风区之一，是新疆第二大风口，形成克拉玛依气候的一大特征。 气温：历年平均气温为8.30 ℃，极端最高气温为42.90 ℃，极端最低气温为-35.90 ℃，最热月7月份平均最高气温为27.60 ℃。 降雨量：历年平均降雨量为110 mm，降雨量集中在5、6、7、8月份，占全年降雨量的64%，年最大降雨量为224.5 mm。 降雪：历年平均降雪为40 mm，年最大降雪量为41.3 mm，降雪集中在11、12、1、2、3月份，占全年降雪量的95%，年平均积雪深度为89 mm，年最大积雪深度为250 mm。 雷暴、冰雹：历年雷暴天数为29.5天，平均冰雹天数为1天。 沙尘暴：40年平均1.4次。 冰冻：40年最大冻土深度为197 cm。 蒸发量：16年平均蒸发量为2 971.4 mm。 风况：40年平均风速为3.4 m/s。历年10 min平均最大风速为33.7 m/s（风向为NNW），极大风速为49 m/s（风向为NW）。克拉玛依地区主导风向为NW。 2. 水文地质资料 路线通过地区地下水主要为第四系松散岩类孔隙水，其次为山区丘陵地段的基岩裂隙水。本项目所在地区，地下水由南部天山、西部界山山区由南向北、由西向东向盆地径流。含水层多为砂砾石，所以径流条件较好。 地下水在洪积扇前缘及盆地中，主要靠泉水排泄、蒸发和植物蒸腾排泄。在山前洪积扇前缘形成沼泽、湿地，可以蒸发和蒸腾消耗。盆地中地势低洼处，是地表水的汇集中心，也是地下水排泄汇集的中心，北部的乌伦古湖，盆地西北缘和南部的艾比湖和玛纳斯湖，部分为人为开采消耗。		

续表

实训内容	三、主要工程数量 (1) 路基土石方：挖石方为 3 139 m³，挖土方为 16 467 m³，填方为 866 381 m³。 (2) 路面：天然级配砂砾底基层厚为 25 cm，工程量为 290 916 m²；黏层沥青工程量为 325 320 m²；水泥稳定砂砾厚为 20 cm，工程量为 304 193 m²；透层沥青工程量为 300 540 m²；中粒式沥青混凝土厚为 4 cm，工程量为 330 667 m²；细粒式沥青混凝土厚为 3 cm，工程量为 305 397 m²；C25 预制混凝土路缘石为 2 695 m³；C25 中央分隔带混凝土预制板为 533 m³。 (3) 桥梁：中桥 2 座，170.16 延米。 (4) 涵洞：13 道。 (5) 通道：6 道。 (6) 防护工程：M10 级浆砌块石 6 227 m³。 (7) 排水工程：0.913 km。 (8) 盐渍土路基处理：1.9 km。 (9) 互通式立交：2 处。 (10) 绿化：268 727 m²。 问题：根据以上所给资料，制定该工程确保安全的技术组织措施。
实训总结	

实务四

施工环保技术组织措施编制

一、实训目的与要求

(1) 知道施工环境保护技术组织措施的作用。
(2) 能够描述施工环境保护技术组织措施的基本内容。
(3) 能够准确完成工程项目施工环境保护技术组织措施文件的编制。

二、实训步骤与方法

在工程项目的现场施工过程中,对现场用地应科学安排、合理使用,并与各种环境保持良好关系,实现场容整齐、清洁、规范,施工文明、安全、有序,应控制施工现场产生的各种后果对环境造成污染和危害。编制施工环保技术组织措施的步骤与方法如下:

(1) 熟悉施工现场。
(2) 调查工程施工中可能引起空气污染的情况。
(3) 调查施工中可能的施工用水情况。
(4) 调查施工中可能的噪声污染情况。
(5) 调查施工中可能的固体废弃物、易腐蚀物品等情况。

三、实训要点

为保护和改善生活环境与生态环境,防止由于建筑工程施工造成的作业污染和扰民,保障施工地点附近居民和施工人员的身体健康,在编制施工组织设计文件时,必须做好施工环保工作。在编制施工环保技术组织措施时,要考虑如下几个方面:

(1) 确定工程的环保目标。
(2) 建立和完善环保责任制。
(3) 结合工程项目的具体情况,制定保护施工环境的具体措施。
(4) 设立重点、难点及技术复杂分部、分项工程环保的控制措施。
(5) 编制技术复杂、易出污染问题的施工环节的环保措施。

四、实训范例

(一) 工程概况

1. 项目位置

平安至阿岱高速公路第五合同段,位于青海省平安县与化隆回族自治县交界处。施工里程 K27+000～K30+100，全长 3.1 km。本合同段自平安县至西宁高速公路引出，经石壁村、全藏村至黑岭滩村止。

2. 技术标准

技术标准见表 5-3。

表 5-3 技术标准

序号	项目	单位	指标	备注
1	计算行车速度	km/h	60	
2	路基宽度	m	22.5	本期实施 11.25 m
3	最大纵坡	%	5	
4	平曲线一般最小半径	m	200	
5	行车视距	m	75	
6	桥涵设计荷载		汽—超 20 级 挂—120 级	
7	桥梁净宽	m	2×10.00	包括涵洞及小型排水构造物，本期实施一幅 11.25 m

（二）气象与水文

1. 气象

项目所在地区属高原半干旱大陆性气候区，寒长暑短，受场地地形制约，地势低而开阔的河谷地带气温高，地势高的山区气温则低。最高气温为 38.7 ℃，最低气温为 −26.6 ℃，主导风向为东南。最大冻土深度为 140～108 cm，在公路自然区划中属甘东黄土山地区（Ⅲ$_3$）。

2. 水文

沿线通过地带河流均属黄河水系，以拉脊山为界，北坡白沈家沟属黄河一级支流湟水河支流，白沈家沟河发源于青沙北坡 30 km 左右，在平安镇西注入湟水河。由于上游建有两座小型水库，导致中下游常年无水流，只有雨季才有水注入湟水河；浪龙沟发源于青海青沙山南坡，全长约为 30 km，于化隆县群科镇西注入黄河，高差为 1 500 m，属季节性河流。

（三）地形、地貌及地质特征

1. 地形、地貌

项目路线途经平安盆地南缘湟水河Ⅰ、Ⅱ级阶地，白沈家沟Ⅰ、Ⅱ级阶地平原区，青沙山山岭区，青沙山山前冲洪积倾斜平原。

路线总体上分四个地貌单元——河谷盆地、盆地过边缘的黄土丘陵、山前倾斜平原与基岩峡谷地区，根据外应力作用特点和地貌形态可分为三种地貌类型，即侵蚀、侵蚀堆积、剥蚀构造地貌。构造侵蚀地貌和侵蚀堆积地貌，海拔介于 2 100～3 500 m。

2. 地质特征

地质特征为基岩中高山区，山高坡陡，河谷狭窄。地质条件比较复杂，地层为寒武系硅质岩、火山熔岩、奥陶系砾岩、泥盆系砾岩、白垩系砂岩及加里东期细粒蚀变闪长岩。

（四）环境保护技术组织措施

施工期间，应严格遵守国家环境保护部门及规范的有关规定，采取有效措施以预防和消除因施工造成的环境污染,并对工程范围以外的土地及植被予以保护,保证业主避免由于污染而承担索赔或罚款。

1. 环境保护目标

针对项目所在位置为青藏高原特定环境,依据国家有关法规、地方政府的有关规定,以及业主关于《平安至阿岱高速公路路基土石方工程招标书》的有关要求,本标段环境保护目标有以下几条:

(1) 全员各级环保组织机构建立健全率达100%。

(2) 环境保护教育培训率达100%;专职环保工程师和监察员持证上岗率达100%。

(3) 严格执行有关环境保护的国家法律、法规和施工技术细则规定的强制性条款,贯彻执行率和覆盖面达100%。

(4) 无条件地接受环境保护监测单位的指导和监督,切实落实环境保护措施。

(5) 临时工程及生活区设置、生活垃圾处理应符合有关环保规定,检查验收达标率100%。

(6) 建立严格的检查制度,抓好落实,制度落实和责任履行率达100%。

将环境保护工作贯穿于施工项目管理的全过程,努力提高环境质量,将此路建成一条环境清洁优美的绿色通道。

2. 环境保护管理机构及检查制度

(1) 建立健全专职的环境保护管理机构。工程部设环境保护科,设科长一人,专职工程师一人,各专业施工队设环保监察员一人,强化管理。建立健全环保责任制,明确各施工队本队工区范围内的环境保护责任,责任落实到单位,如图5-5所示。

(2) 制定严格的检查制度,加强监控,强化监督。按环保目标,制订检查计划,明确检查任务,确定检查方法,落实检查责任制,实施奖惩制度,建立健全环境保护体系,确保环保方案和措施的全面落实。

3. 环境保护宣传教育培训制度

(1) 组织沿线施工调查时,重点收集水文地质、地表水分布、植被覆盖等资料,充分了解冻土环境保护、生态环境保护、野生环境保护和植被保护的法律和法规;编制环境保护宣传教育大纲,制订环境保护宣传教育计划,实行全面、全员、全过程的宣传教育。

(2) 加强环保法规宣传。在施工现场和生活区,设置环保特别宣传栏和标志牌,做好生态环境保护的宣传教育工作,使所有参与施工的人员把环境保护变为一种自觉行为。

(3) 组织上场人员接受环保知识的多种形式教育。编制环境保护教育手册,做到施工人员人手一册,加强全体员工"环境保护,人人有责"的意识和历史责任感。

(4) 组织环保专职人员的岗前培训。聘请有关环保专家对施工人员进行岗前培训,专职环保人员必须持证上岗。

4. 野生动植物和生态平衡系统保护措施

1) 野生动物保护

(1) 施工场地和生活区均设置有关生态环境保护及野生动物的宣传栏。

(2) 合理布置施工营地,加强管理,尽量减少对野生动物的干扰。

(3) 积极配合环保部门工作,及时查处不法盗猎分子。严禁偷猎、恐吓、袭击自然保护区的野生动物。

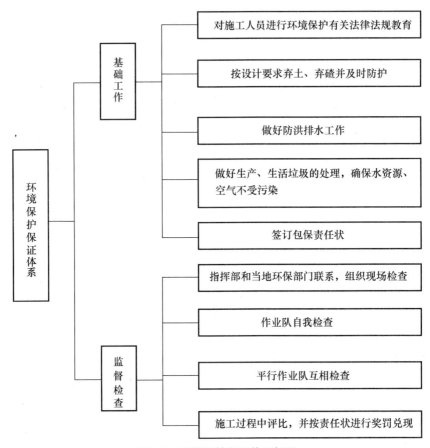

图 5-5 环境保护保证体系框图

（4）配置野生动物抢救设施和药物，野生动物因意外需救助时，积极给予救助并立即通知相关保护区管理机构。

（5）积极配合自然保护管理部门的工作，无条件地接受监督和指导，严格遵守野生动物保护的管理法规，对违反者追究其法律责任。

2）植被的保护

（1）施工中限制人为活动范围，注意保护地表植被。

（2）取土坑靠近路堤一侧用草皮加以防护。

（3）弃土场选择低洼、无地表径流、无植被覆盖或植被覆盖较差、远离线路的荒地，不侵占河道、湿地、自然保护区的核心区和缓冲区。不在植被发育良好的地段弃土。

（4）路基采用分段施工、逐段移植的方法，将每个取土场处的草皮切割成规则的草皮块，及时移植到已先期施工完毕的路基边坡和取土完成以后的取土场地表。

（5）施工车辆和施工机械严格按规定线路行驶。

（6）施工临时用地，完工后必须进行恢复，尽量保护自然植被原貌。

3）维护生态平衡措施

施工过程中做到文明施工，保护施工现场生态平衡，防止和减轻施工过程中产生的粉尘、噪声、振动、废水、废料等对周围环境的污染和危害。

（1）采用的锅炉必须配置消烟除尘设备，并达到当地大气污染物排放标准及功能区大气环境质量标准，防止空气污染。

（2）施工营地生活污水集中排放到指定地点，防止在施工营地附近形成新的积水和水污染。

（3）制作封闭式容器收集垃圾，将废弃物集中用专用垃圾车装运至指定的地点集中进行处理。

（4）对被老鼠等觅食过的垃圾堆，及时进行消毒，用土覆盖，防止疫情污染。

（5）施工场地设置沉淀净化池，汇集施工期间的废水、泥浆，经化学净化处理后再集中排放到指定地点。

（6）在噪声大、粉尘大的设备上安装隔声板、防尘罩，防止噪声和空气污染。

（7）水源定期进行检验。各种给水排水设施、运输设备用防寒防冻材料严密包裹，在多年冻土地段供水管道架空设置，以防受冻。杜绝焚烧有毒废料（废机油、废塑料等）。积极防治水污染，并注意节约用水。

5. 水土保持技术措施

（1）努力做好水土保持工作，实行"三同时"制度，加强对施工人员水土保持的教育。严格遵守有关水土保持的法规、条例。

（2）制定详细的水土保持施工措施，实行水土保持责任制。

（3）在施工地质调查时注意水文地质调查。

6. 施工环境保护措施

（1）临时房屋、材料堆场、预制场、机械保养场等临时工程选择平缓山坡。

施工过程中，对材料设备的运输，严格按设计道路行驶；对材料堆存放、多余材料、废弃的临时工程、施工建筑垃圾等的处理按环境保护的有关规定，采用集中堆放、集中拉运到指定地点，集中处理。

（2）施工场地设置沉淀净化池，收集生活施工期间的废水、泥浆，经化学净化处理达标后再运到指定地点排放。

（3）在噪声大、粉尘大的设备上安装隔声板、防尘罩，防止噪声和空气污染。在土石方施工中，采用彩条布对车厢进行遮盖道碴，减少灰尘污染。

（4）取土与弃土。

①路基施工时，严格按照设计指定的取土坑、取土场位置取土，以减小对路基稳定性和环境的影响。取土时，先将取土场处的植被、草皮移走并对其进行养护，待取完土后，再将其恢复到原处。无植被的采用块石或粗粒土覆盖。

②对植被难以生长的地段，采用分段施工、逐段移植的方法，将每段路基划分为若干个施工段，将本段取土坑地表草皮铲下后，及时移植到已先期施工完毕的路基边坡和取土场地表，将对地表植被的破坏减小到最低程度。

③严格控制取土数量，取土深度不超过天然上限深度，避免取土形成洼地。

④弃土运到设计指定的弃土场，并及时按设计要求进行环保防护，防止污染环境。

⑤取土场取土完成后，将取土面进行平整，在其上种植植被或用粗粒料进行覆盖。整理边坡取土场，疏通排水通道，及时恢复表地植被。取土坑纵向拉通，防止局部积水。

⑥竣工环境恢复。

a. 弃土堆坡脚进行挡护，堆顶进行平整覆盖，并做好排水。

b. 施工完成后，平整并用合适的粗粒料覆盖营地地表，尽量恢复地表天然状态。同时，对施工便道两侧的施工遗弃物进行清理，平整便道两侧的地面，恢复地面的天然状态。

五、上交资料

每人上交实训报告一份。

实 训 报 告

日期：	班级：	组别：	姓名：	学号：

实训任务	编制公路工程施工环保技术组织措施	成绩	
实训目的			
实训内容	背景材料： 一、工程概况 陵（川）沁（水）线杨寨河至西河底段一级公路是陵沁线陵川县通往晋城市及西部的重要通道，是晋煤外运的主要通道之一，起点位于陵川县城北端的杨寨河，经陵川县城西，与礼义至夺火公路相交，终止于西河底（泽州县界），全长 34.195 km。 本标段为第四合同段，起讫里程为 K11+290～K15+600，全长 4.31 km。 二、施工环境条件 本项目所在地交通较为方便，通风条件便利。电源较丰富，可满足一般施工需要，一些集中场地可就近架设支线，其线路不超过 1 000 m。 沿线地下水源紧张，河流到雨季才有水，工程用水运距较远，沿线砂石料较为丰富，可满足施工需要。 三、主要工程项目及工程数量 本合同段全长 4.31 km，隧道 1 座，210 延米。涵洞 9 道，其中石拱涵 7 道，计 394.40 延米；盖板涵 2 道，计 22.3 延米。路基土石方：260 876 m^3，其中挖土方为 16 364 m^3，挖石方为 244 361 m^3，利用填方为 125 893 m^3，换填土为 11 784 m^3，弃方为 134 562 m^3。 四、施工队伍的布置及任务划分 项目经理部：设在石字岭村，项目部办公和住房采用租用民房的形式。本项目部系工程处派出机构，在工程处的领导下，主要负责本合同段项目工程的组织管理和施工协调，全面履行合同条款，确保合同目标的实现。 路基一队：负责 K11+290～K13+000 段路基土石方工程，驻地设在 K12+400 线路左侧的北四渠村，租用民房。另配备帐篷作为工地临时用房。 路基二队：负责 K13+000～K15+600 段路基土石方工程，驻地设在 K15+100 线路右侧石字岭村，租用民房。另配备帐篷作为工地临时用房。 桥涵队：负责本合同 9 道涵洞施工，驻地设在 K15+100 线路右侧石字岭村，租用民房，另配备帐篷作为工地临时用房。 隧道队：负责本合同段 K14+140～K14+629.78 石字岭隧道施工，驻地设在 K14+600 线路右侧公路段石料厂，租用房屋，另配置帐篷作为工地临时用房。 五、施工场地及临时工程布置 本合同段施工便道便利，利用陵沁公路通往各个村庄道路作为进场便道，利用原有村庄道路作为施工便道，弃土场便道需新修，总长为 130 m，宽为 4 m。 项目部设在石字岭村，租用民房，各施工队采用租用民房与搭建帐篷相结合。 临时用电：利用地方电力与自发电相结合。 临时用水：利用村民水井、水车运输储存相结合。 施工现场临时通信采用固定电话和移动电话。 六、原材料供应计划 本合同段挖方数量大于填方数量，需弃方 134 562 m^3（不含隧道弃方）。根据施工图设计，需两个弃土场，即 5#弃土（石）场（K13+000 右侧 70 m 的沟地内）及 6#弃土（石）场（K15+300 右侧 60 m 的沟地内）。 片石、碎石：当地石料比较丰富，在陵川县城关镇后川村料场、甘井掌村料场及陵川县曹庄乡石字岭村料场购买。		

续表

实训内容	砂：该区缺乏砂料，混凝土用黄沙由火车自湖北远运过来，从晋城火车站购买，砌体用砂用机制石粉代替。 水泥、钢材：在当地购买。 问题：根据以上所给资料，编制环保技术组织措施文件。
实训总结	

第六部分 公路施工组织案例

案例一

投标前竞标性施工组织案例

投标前编制的施工组织设计又称为竞标性施工组织设计,由于是按标书的要求编制,为了业主评标时使用,所以在编制时要求全面、细致,按照业主的要求不同应有所区别。由于竞标性施工组织设计是以中标为目的,所以它是以施工技术、设备、工艺、材料最先进和科技含量高以及全面、细致为主进行编制的。这样才能够充分反映企业的技术实力和综合素质,增加企业的信誉和诚信,增加企业中标的可能性。

下面以吉林省营城子至西丰一级公路营城子至伊通河大桥段为例,说明在投标前编制竞标性施工组织设计过程中应考虑的主要问题。为适应教学要求,对原工程作了适当的简化。

一、工程概况

营城子至西丰一级公路营城子至伊通河大桥段是吉林省公路网规划的一部分。路线起点位于伊通县营城子镇长营高速公路终点,终点为伊通河大桥。起点处与长白公路设互通式立体交叉一处,匝道全长 3 955.487 m。营城子至伊通河大桥段长 1.645 44 km,主线长度为 0.845 864 km,该路线由福财村至伊通河,主要构造物有:主线有大桥 1 座,小桥 1 座,涵洞 5 道;互通式立体交叉中有跨线桥 2 座,小桥 1 座,涵洞 6 道;其他工程有小桥 1 座,渡槽 1 道。

1. 地理位置及气象水文

营城子至西丰一级公路营城子至伊通河大桥段位于辽源地区与四平地区伊通县交界处,地貌为山间河流冲积平地,主要河流为伊通河,地表多为水田,少部分旱田。气候属大陆性气候,夏季短冬季长,结冰期 5 个月,气候严寒,初雪一般在 10 月上中旬,终雪在翌年 4 月上旬,最高月平均气温 23 ℃,最低月平均气温 −17 ℃,历年最大降雨量 880.5 mm,多集中于 7、8 两月,冬季常刮西北风,夏季转为南风,3、4、5 月风力最大 3~5 级,每年 10 月中旬至翌年 4 月中旬为冰冻期,标准冰冻深度为 1.60 m,根据我国自然区划属 II$_2$ 区。

2. 主要技术标准

(1) 公路等级:一级汽车专用线。

(2) 路基设计宽度:25.5 m(主线里程指横断面为 25.5 m 路段,长度为 0.893 174 km)。

(3) 桥涵设计荷载：汽车超—20级，挂车—120级。

(4) 桥面宽度：净2×10（m）。

3. 主要工程项目及数量

(1) 路基土石方工程。挖土方：39 703 m³；挖除非适用材料：19 600 m³；填土方：67 185 m³；填石方：220 845 m³。

(2) 软土地基处理。换填山皮石：38 419 m³；换填砂砾：396 m³。

(3) 路面工程。

①15 cm砂砾垫层：37 080 m²。

②石灰水泥稳定山砂底基层：15 cm厚16 261 m²，20 cm厚33 506 m²。

③石灰、粉煤灰稳定碎石基层：15 cm厚2 700 m²，25 cm厚46 667 m²，30 cm厚山皮石基层4 796 m²。

④下封层：49 367 m²。

⑤黏层：46 587 m²。

⑥沥青混凝土路面：4 cm SMA—16沥青混凝土上面层46 587 m²；6 cm AC—25粗粒式沥青混凝土下面层4 6587 m²。

(4) 排水防护工程。本段主线共设钢筋混凝土盖板暗涵5道，共96.94 m（无桩基）；互通立交区内共设钢筋混凝土盖板暗涵5道；圆管涵1道，右侧加长5 m；平交道圆管涵2道，共计15.84 m；排水工程量9 289 m³；防护工程量4 781.51 m³。

(5) 桥梁工程。

①主线有大桥1座，即伊通河大桥，中心桩号MK0＋800.54，跨径9～20 m；小桥1座，中心桩号MK0＋034.1，1孔13 m。

②互通立交内有2座跨线桥，分别是LK0＋764.4桥，跨径为（20＋25＋25＋20）m，桥面净宽为15.75 m，全长94.24 m；AK0＋254.36桥，跨径为4孔20 m，桥面净宽为11 m，全长85.04 m；小桥BK0＋400为原桥加宽，孔径为1孔8 m，全长15.51 m。

③村道改线段有小桥1座，中心桩号为XK0＋101，孔径为1～10 m，全长17.54 m。

二、施工总体安排

1. 施工总平面布置

本着少占地和方便施工的原则进行施工场地布置，具体布置情况参见施工总平面布置图。根据现场勘察，拟在福财村设置项目经理部，生活房屋租用民房与砖结构房屋相结合。

2. 预制梁场

本标段预制场地设置在主线K0＋300左侧，预制场地占地15 000 m²。预制厂内设大梁底座40个，25 m³/h混凝土拌合站1座。

3. 施工便道、便桥

施工中材料、设备进场通道可利用原有道路。预制场及生活区内设部分便道供场内使用。施工便道沿L线设置。

4. 施工用电

生活区及预制场地，施工中考虑与当地电力部门联系，配备2台200 kV·A变压器，从高压电网引入施工用电。另配2台200 kW及3台75 kW的发电机作为施工用电。

5. 施工用水

施工场地附近水资源丰富，但无水质分析资料，拟在开工前先对沿线水源进行水质分析，若个别指标超标，待进行处理后设泵站、蓄水池，安设管道，或用6t水车运输供生产用水，打2口深井供生活用水。

6. 项目部组织机构及各分项工程人员配置

(1) 项目经理部。项目经理部由项目经理、副经理、总工、工程、质检、财务、办公、测量等科室组成，共70人。其负责现场施工组织与管理、施工指挥、技术指导、服务与协调等工作。

(2) 路基土石方施工。安排一个作业组。设道路工程师1人，技术员2人，工长2人，测量员4人，试验员3人，质检员2人，力工80人。

(3) 桥涵工程。安排五个作业组。设桥梁工程师1人，工长8人，技术员8人，质检员4人，测量员4人，试验员4人，力工300人，技工100人。

(4) 路面工程。安排一个作业组。设施工技术负责人1人，工长2人，技术员2人，测量员2人，试验员2人，质检员1人，力工60人。

(5) 防护排水工程。安排一个作业组。设工程师1人，技术员2人，工长2人，力工240人，技工80人。

三、施工组织设计方案

(一) 路基土石方工程施工方案

1. 填方路基施工

1) 路基填筑

(1) 分层填筑。路基填筑采用宽填削坡方法施工，不同土质的填料分层填筑，并尽量减少层数，每种填料总厚度不小于50 cm。

(2) 摊铺整平。先用推土机进行初平，再用平地机进行终平，控制层面平整、均匀。摊铺时层面做成向两侧倾斜4%的横向排水坡，以利于路基面排水。

(3) 机械碾压。当填料含水量在最佳含水量±2%范围内时碾压。路基碾压按先轻后重，先慢后快，直线段由边部向中间，曲线段由内侧向外侧的顺序碾压。

2) 路基整修

路基加宽部分在整修阶段，要人工挂线清刷夯拍，做到肩棱明显，路拱、坡面符合设计要求。

3) 试验检测

路堤每层填筑压实后，应及时进行检测，细料土压实度检测距路床顶30 cm以下采用核子密度仪法。路基顶层检验采用灌砂法，石方路基以碾压无轮迹作为压实度控制指标。

4) 软土地基施工

本标段K0+000~K0+893.17为软基处理段，全部为腐植土，淤泥厚度为0.6 m，采用清除腐植土，全部换填山皮石的施工方法。

2. 挖方路基施工

1) 施工准备

(1) 通过对土石的工程分级与类别按规范要求进行鉴定，采用机具开挖的施工方法。

(2) 测量出路堑的边线、中线,在路堑顶两侧每 5 m 设一固定桩。并在施工中随时检查开挖坡度,严防超、欠挖。

2) 排水

路堑施工开挖前要做好堑顶截水、排水及堑底排水工作,并在施工中随时注意检查。施工期间修建临时排水设施,并与永久性排水设施相结合,将水及时排出,避免对路基产生危害,注意不得将水排入农田。

3) 开挖的基本要求

(1) 开挖土石均应自上而下进行,不得乱挖超挖,严禁掏底开挖。

(2) 开挖石方时,对于软石和强风化岩石,采用机械开挖,人工配合的施工方法。

(3) 平缓地面上短而浅的土石路堑采用全断面开挖;平缓横坡上一般土石路堑采用横向台阶开挖;土、石质傍山路堑采用纵向台阶开挖,边坡较高时要分层开挖。

(二) 桥涵工程施工方案

1. 概述

本标段桥涵工作共设 5 个作业组,第一作业组负责伊通河大桥施工;第二作业组负责互通立交中跨线桥 LK0+764 施工;第三作业组负责跨线桥 AK0+248.37 施工;第四作业组负责小桥 MK0+034.1、小桥 XK0+101、互通立交中小桥 BK0+400 加宽及标段内 10 道盖板涵、1 道圆管涵、1 座渡槽的施工;第五作业组负责预制场板梁及涵洞盖板预制。

2. 盖板涵施工方案

1) 基础施工

(1) 基坑开挖方法。基坑开挖采用人工配合挖掘机的方法进行施工。

(2) 基础施工时,按照支模板、校模板、浇筑混凝土、养生的顺序施工。

2) 涵身施工

(1) 支模、校模。模板采用钢模,严格控制好大面平整度和垂直度,检查好几何尺寸。

(2) 浇筑混凝土。混凝土应分层浇筑,振捣及时认真,不要过振和漏振。

3) 涵底铺砌

铺砌时从涵洞一端或中间往两端铺砌,铺砌时严格控制涵洞流水面高程。

4) 盖板预制安装

盖板在预制场统一预制,采用汽车运输,人工配合起重机起吊安装。

5) 台背回填

选择符合设计要求的砂砾,按每层不大于 15 cm 划上填厚标记,全断面分层回填,分层碾压,与路基接槎部位要挖台阶,检测合格后方可进行下一层填筑。

3. 桥梁施工方案

1) 扩大基础施工

(1) 基坑开挖方法。基坑采用挖掘机开挖,人工配合。对不能用挖掘机开挖的部分,人工用风镐清除或风枪打眼,辅以弱爆破。

(2) 浇筑混凝土。混凝土采用拌合站拌和,手推车和翻斗车运送混凝土。混凝土采用分层连续浇筑,用滑槽、串筒送混凝土至浇筑部位,插入振捣棒振捣。浇筑完毕后,及时覆盖洒水养生。

2) 钻孔灌注桩施工

本标段主桥基础采用钻孔灌注桩施工。

(1) 测量放样。确定护筒位置,依据《技术规范》执行。

(2) 制备泥浆。根据本标段的地质情况,泥浆相对密度可采用 1.02~1.06。

(3) 埋设护筒。护筒的制作、埋设应满足规范及有关要求。

(4) 钻机就位。将钻头中心线对准桩孔中心,钻机底座必须平整、稳固,确保钻机在钻进中能稳固地工作。

(5) 钻孔。钻机钻进过程中,必须保证钻孔垂直,随时注意土层的变化,并据此调整泥浆的相对密度和进尺速度,以保证成孔质量。

(6) 第一次清孔。清孔应符合下列规定:孔底 500 mm 以内的泥浆相对密度小于 1.25,含砂率小于等于 4%,黏度小于 28 s,灌注混凝土前,孔底沉碴厚度小于等于 300 mm。

(7) 吊设钢筋笼。钢筋骨架采用吊车进行吊放,并随时校正骨架位置,待骨架达到设计标高后,即将骨架牢固定位于孔口,立即浇灌混凝土。

(8) 导管安装。将导管连接,用吊车一次或分节放入孔内,导管下端距孔底要求有 25~40 cm 的距离。

(9) 设储料仓。为方便混凝土灌注时有一定的冲击力,在漏斗上方设一个储料仓,储料仓应比漏斗口高 2.0~2.5 m,其容量不小于 2.0 m^3。

(10) 第二次清孔。为了清除孔底沉碴,利用导管进行第二次清孔。清孔标准与第一次清孔相同。

(11) 拌制混凝土。混凝土由电子计量拌合站拌和,采用混凝土输送泵运至施工现场。

(12) 灌注混凝土。首次浇筑,在储料仓和漏斗中储备足够数量的混凝土后,剪断隔水栓吊绳,打开储料仓阀门,这时储备的混凝土连同隔水栓向孔底猛落,同时孔内的水位骤涨外溢,说明混凝土已灌入孔内。导管第一次埋深大于 1.0 m,在灌混凝土的过程中随时计算导管的埋深,并实际进行测量。

随着灌注连续进行,随时拔管,中途停歇时间不得超过 30 min。在整个灌注过程中,导管在混凝土中埋深不小于 2 m 也不大于 6 m,专人测量导管埋置深度及管内外混凝土面的高差,及时填写水下混凝土灌注记录。

3) 承台、系梁施工

(1) 承台施工。承台基坑开挖好后,及时凿除桩头,待桩基检查合格后绑扎承台钢筋,立模灌注混凝土。混凝土浇筑完毕后,及时覆盖养生。承台在桩基础强度达到 70% 后方可施工。

(2) 桩顶处系梁的施工。

①测量放线。

②基坑开挖,采用人工开挖的施工方法。

③浇筑素混凝土垫层,作为系梁钢筋及混凝土施工的底模。

④凿除多余的桩身,将变形的钢筋整修复原。

⑤系梁钢筋采用焊接与预埋钢筋连接。

⑥系梁采用组合钢模板立模,支撑牢靠,不得跑模。

⑦混凝土分层浇筑,每层厚度为 40 cm。

4) 墩身施工

(1) 施工准备。

①进行混凝土面凿毛处理。进行处理时不损坏边缘混凝土。

②施工测量放样。利用全站仪在系梁桩顶放出墩柱中心,并放出纵、横轴线。

(2) 钢筋加工。

①墩身钢筋采用在钢筋场地制作整体式钢筋笼,然后运输至相应的位置吊装焊接就位。

②为了保证保护层的厚度,在钢筋笼的周围垫上水泥砂浆垫块。

(3) 模板工程。

①采用 8 mm 钢板卷制的两片半圆形模板对接组成,在其内部均匀涂刷一层脱模剂,并在连接处贴上 3 mm 厚的胶条。

②利用吊车配合支立模板,在模板顶端和底端用紧线器拉紧后逐渐对中整平。

③检查模内的几何尺寸,合格后进行混凝土浇筑。

(4) 混凝土浇筑。

①测量组给出混凝土标高,并标注在模板上。

②混凝土在拌合站拌和,运输翻斗车或一吨翻斗车运输,利用吊斗及吊车配合作业,混凝土分层浇筑,插入式振捣器振捣。

③混凝土养生:浇筑完在混凝土收浆后尽快洒水养生。

(5) 脱模及支架拆除。

①在混凝土抗压强度达到 2.5 MPa 时拆除钢模,拆除时不要损坏墩柱表面。

②模板拆除后,利用塑料布进行覆盖养生,使混凝土面始终处于湿润状态。

5) 盖梁施工

(1) 模板施工。在浇筑立柱时预埋浇盖梁用的钢板和铁件,用于搭设盖梁支架。当立柱达到一定强度后,用全站仪测定盖梁的中心位置,然后进行制作,安装,支立模板。

(2) 钢筋施工。盖梁钢筋采取在钢筋场地下料,制作焊接成骨架,运至现场绑扎的方式进行施工,再由吊车配合吊入盖梁底模。

(3) 混凝土施工。侧模拼装完毕,经检验合格后,即可浇筑混凝土。混凝土浇筑后应及时养生,以利于保持温度和湿度。

6) 箱梁预制

(1) 梁底基础及模板。

①梁底模采用木制梁底,梁底模座落在混凝土基础上。混凝土基础上设置横带,以增大木方的刚度。底模板两侧设置胶板,防止漏浆。

②外模:采用钢结构,面板为 6 mm 钢板。

③内模:用组合钢模连接制成六段,内模不设底板,内模底面使用角铁作为骨架,内模外侧采用塑料薄膜包装作为隔离层。

(2) 钢筋制作与绑扎。

①钢筋平直,无局部弯折,钢筋的弯制和两端的弯钩符合设计要求。

②钢筋接头采用双面搭接焊,搭接长度为 5 倍钢筋直径,其接头面积不大于 50%。

③腹板钢筋采用从片式绑扎及点焊成骨架,然后在梁底绑扎成型。

(3) 管道设置。

①孔道安装时,按设计曲线的 x、y、z 坐标定位并固定好使其不发生任何位移。

②孔道采用内径70 mm波纹管，波纹管穿好后，要检查管道位置，并及时调整，用电焊固定。

③在波纹管道内插入塑料管做支撑，塑料管抽拔时，先拔下层后拔上层，拔管时间控制好，在其抗压强度达到0.6~0.8 MPa时拔出。

（4）混凝土施工。

①箱梁混凝土采取拌合站集中拌和，由翻斗车运至浇筑现场倒入吊斗内，再由龙门吊配合吊斗进行浇筑。

②浇筑混凝土时，避免振动器碰撞波纹管道和预埋件，经常检查模板、管道、锚固端钢板及支座预埋件，以保证其位置及尺寸符合设计要求。

③拆芯模：混凝土强度达到20 MPa后，方可拆芯模，以免局部混凝土发生裂纹现象。

（5）混凝土养生。混凝土浇筑结束后，用湿麻袋布覆盖防止阳光曝晒。洒水养护时间为14天。

（6）预应力施工。预应力施工方法具体如下：

①张拉前准备工作。

②安装张拉设备。

③张拉。

④锚固。

⑤压浆及封锚。

（7）孔道压浆。

①压浆前需将孔道冲洗干净，如有积水用吹风机排除。

②压浆应缓慢、均匀地进行。

（8）锚头防护及封锚。所裸露的锚具，压浆后尽早封锚。封锚前保证钢绞线的切割长不小于锚具的直径。在封锚过程中，尽量不触及锚具。封锚混凝土标号与梁体相同，封锚端混凝土必须严格控制梁体长度。

7）主梁安装施工

（1）梁体预制完成，强度达到100%后，开始架设，架设采用90 t龙门吊配合双导梁组成架桥机。

（2）在桥头路基上组装架桥机，再将架桥机移至安装跨。

（3）将预制梁纵移至安装跨，用止轮器固定纵移行车后，架桥机横移，将梁送到设计位置下落安装就位，落梁顺序是先两侧后中间。

8）水泥混凝土桥面铺装施工

在梁体安装和伸缩缝施工完毕之后，开始进行铺装层施工。

（1）混凝土混合料采用吊车移料，人工用锹铲摊，摊平的混合料用平板振捣密实。抹平混凝土表面，初凝前表面用硬塑料刷横向拉毛，纹槽顺直美观。

（2）摊铺作业从一联的一端伸缩缝起始，单幅全宽向前推移施工。

（三）路面工程施工方案

1. 砂砾垫层施工

（1）施工放样。复测水准点、导线点，增设临时水准点。在土基上恢复中线，进行水平测量,在两侧边桩上用红铅油标出层厚横线。

(2) 砂砾垫层摊铺。计算材料用量及每车料的堆放距离,按计算好的距离将材料均匀地卸在路上,用推土机将材料摊铺均匀。

(3) 整平、整型。平地机刮平后,用推土机、轻型钢轮压路机在初平的路段上快速碾压 1~2 遍,再用平地机进行整平和整型。

(4) 碾压。先用轻型压路机稳压,适当洒水,用 12 t 以上三轮压路机、重型轮胎压路机或振动压路机在路基全宽内进行碾压。

2. 粉煤灰稳定山砂底基层、石灰、粉煤灰碎石基层施工

1) 底基层施工

底基层采用路拌法施工,具体步骤如下:

(1) 用摊铺机将集料均匀地摊铺在预定的宽度上。

(2) 将拌和均匀的石灰和粉煤灰摊铺在集料层上,再一起进行拌和。

(3) 用稳定土拌合机拌和时,拌和深度直到层底。

(4) 经摊铺和整型的混合料立即在全宽范围压实,并在当日完成碾压。

(5) 碾压完毕后进行养生。

2) 石灰、粉煤灰碎石基层施工

(1) 混合料的摊铺。摊铺前将底基层适当洒水湿润,用 1 台摊铺机进行半幅摊铺。

(2) 碾压。首先用振动压路机振压 2~3 遍,之后用 12~15 t、18~21 t 的光轮压路机碾压 3~5 遍,最后用胶轮压路机洒水碾压成型。碾压完成后,跟踪测量找补。

(3) 横缝处理。二灰碎石混合料摊铺时,当通过桥涵,特别是明涵、明通时,在其两边设置横缝。横缝与路面车道中心线垂直设置。

(4) 纵缝处理。半幅施工宽填 15 cm,等到另半幅施工时,将宽填部分错层立茬清除后,再碾压,以保证接缝处的压实度、平整度。

3. 沥青混凝土下封层的施工

采用层铺法施工,具体步骤如下:

(1) 清除水泥稳定碎石表面浮灰。

(2) 喷洒乳化沥青。用沥青洒布车喷洒,喷洒数量按沥青含量 1.5 kg/m² 折算。

(3) 撒布集料。采用人工撒布集料,规格 3~5 mm,数量 2~5 m³/1 000 m²。

(4) 碾压。用轮胎压路机及 6~8 t 的钢轮压路机各碾压一遍。

4. 沥青混凝土下面层施工

1) 混合料摊铺

(1) 采用一台德国产 ABG423 型的摊铺机半幅摊铺。

(2) 铺筑按批准的沥青面层试验路段的施工工艺进行施工。

2) 碾压

严格按初压、复压和终压三个阶段进行,派专人设置好三阶段的标志,用三面不同颜色的标牌或旗子来指示三个阶段。

5. SMA 上面层施工

1) SMA 的摊铺

(1) 采用一台 ABG423 摊铺机摊铺。

(2) 混合料未压实前，任何人员不得进入踩踏，对局部有缺陷部位，只有在现场负责人指导下，才能人工找补或换料。

2) SMA 路面的压实

碾压时采用的机械组合为两台双驱双振压路机，碾压遵循紧跟、慢压、高频原则进行。

(四) 防护排水工程施工方案

1. 边沟、排水沟施工

(1) 采用人工挖基，挖基尺寸满足设计要求。

(2) 边沟与涵洞结合处与涵洞洞口建筑配合，以便边沟水流畅通引入涵洞。

(3) 排水沟尽量采用直线，长度不超过 500 m，排水沟与其他水道连接做到畅通。

(4) 砌缝均匀饱满，砌体抹面平整，压光直顺，保持没有裂缝、突鼓现象。

2. 护坡施工

(1) 护坡必须在坡面夯实平整，铺设砂砾垫层后方可砌筑。

(2) 砌体的外漏面和坡顶、边口选用表面平整的石块。

(3) 砌筑时每 10 m 设一沉降缝，缝宽 2 cm，用沥青木板填塞。

(4) 在护坡距地面 30 cm 处和 130 cm 处分别设泄水孔，泄水孔尺寸为 5 cm×10 cm，泄水孔间距为 2 m，上下错开设置。

(五) 各分项工程的施工顺序

1. 填筑土方路基施工

清理杂物→基底整平→碾压→挖台阶→填土→摊平→整形→碾压→下一层施工→顶层土方填筑。

2. 软基处理

平整场地→铺山皮石。

3. 钻孔桩施工

平整场地→填土夯实→下护筒→钻机就位→稳钻→钻孔→钻进→清孔→拔钻→挪钻→下钢筋笼→浇筑水下混凝土。

4. 墩台及盖梁施工

基础顶面混凝土整平→搭设施工平台→制作安装钢筋→支模→浇筑混凝土→拆模、养生。

5. 后张法箱梁预制

清理场地→整平碾压→铺设底模→制作安装钢筋→支侧模→预应力管道设置→浇筑混凝土→拆模、养生→预应力钢绞线张拉→孔道压浆→封锚→移梁。

6. 先张法空心板梁预制

清理场地→整平碾压→铺设底模→制作安装钢筋→支侧模→吊入芯模→施加预应力→浇筑混凝土→拆模、养生→移梁。

7. 大梁安装

架设龙门吊→喂梁→移梁→安装就位→校正。

8. 桥面铺装

梁顶面混凝土凿毛清理→铺装钢筋网→浇筑混凝土。

9. 路面施工

准备下承层→测量放样→摊铺→找平→碾压→检测→养生→报验。

四、施工进度安排

本合同段招标文件规定工期要求16个月,即2005年8月1日至2006年11月30日。准备提前1个月完成,即2005年8月1日至2006年10月31日,实际工期15个月。各分项工程进度率计划图(斜率图)和总体形象进度图分别如图6-1和图6-2所示。

各分项工程施工进度计划安排如下。

1. 路基土石方工程

(1) 挖土方:2005年8月10日至2005年10月31日。

(2) 改渠挖方:2005年8月10日至2005年10月25日。

(3) 填前处理:2005年8月10日至2005年9月20日,有效施工天数30天。

(4) 填土方:2005年8月10日至2005年10月31日,2006年3月15日至2006年6月10日,有效施工天数133天,日进度505 m^3。

(5) 填石方:2005年8月15日至2005年11月30日,2006年3月1日至2006年7月15日,有效施工天数200天,日进度1104 m^3。

2. 桥涵工程

(1) 第一作业组:伊通河大桥。

①桥梁基础:2005年8月10日至2005年9月30日,有效施工天数40天。

②桥梁下部:2005年9月10日至2005年10月31日,2006年4月1日至2006年5月30日,有效施工天数90天。

(2) 第二作业组:跨线桥LK0+764。

下部工程:2005年8月10日至2005年10月31日,2006年4月1日至2006年5月10日,有效施工天数95天。

(3) 第三作业组:跨线桥AK0+254.36。

下部工程:2005年8月10日至2005年10月31日,2006年4月1日至2006年5月10日,有效施工天数95天。

(4) 第四作业组:小桥MK0+034.1、小桥XK0+101、互通立交中小桥BK0+400的加宽及10道盖板涵洞、1道圆管涵、1座渡槽。

①小桥下部:2005年8月15日至2005年10月31日,有效施工天数35天。

②盖板涵及圆管涵施工:2005年8月15日至2005年10月15日,有效施工天数50天。

③盖板安装:2005年10月1日至2005年10月31日,有效施工天数25天。

(5) 第五作业组:预制场箱梁、空心板及涵洞盖板预制。

①盖板预制:2005年8月15日至2005年9月30日,有效施工天数35天。

②空心板预制:2005年8月20日至2005年9月30日,有效施工天数30天。包括10 m空心板18片、8 m空心板12片,计划日进度1片。

③预应力空心板预制:2005年9月1日至2005年10月31日,2006年4月1日至2006年6月30日,有效施工天数130天。包括20 m预应力空心板156片,计划日进度1.2片。

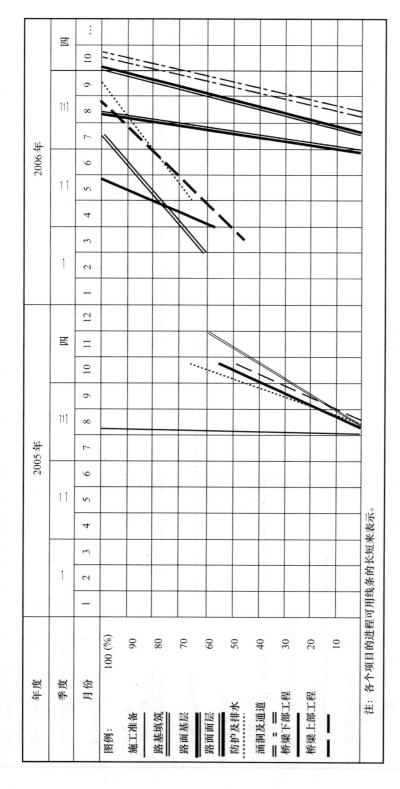

图6-1 各分项工程进度率计划图（斜率图）

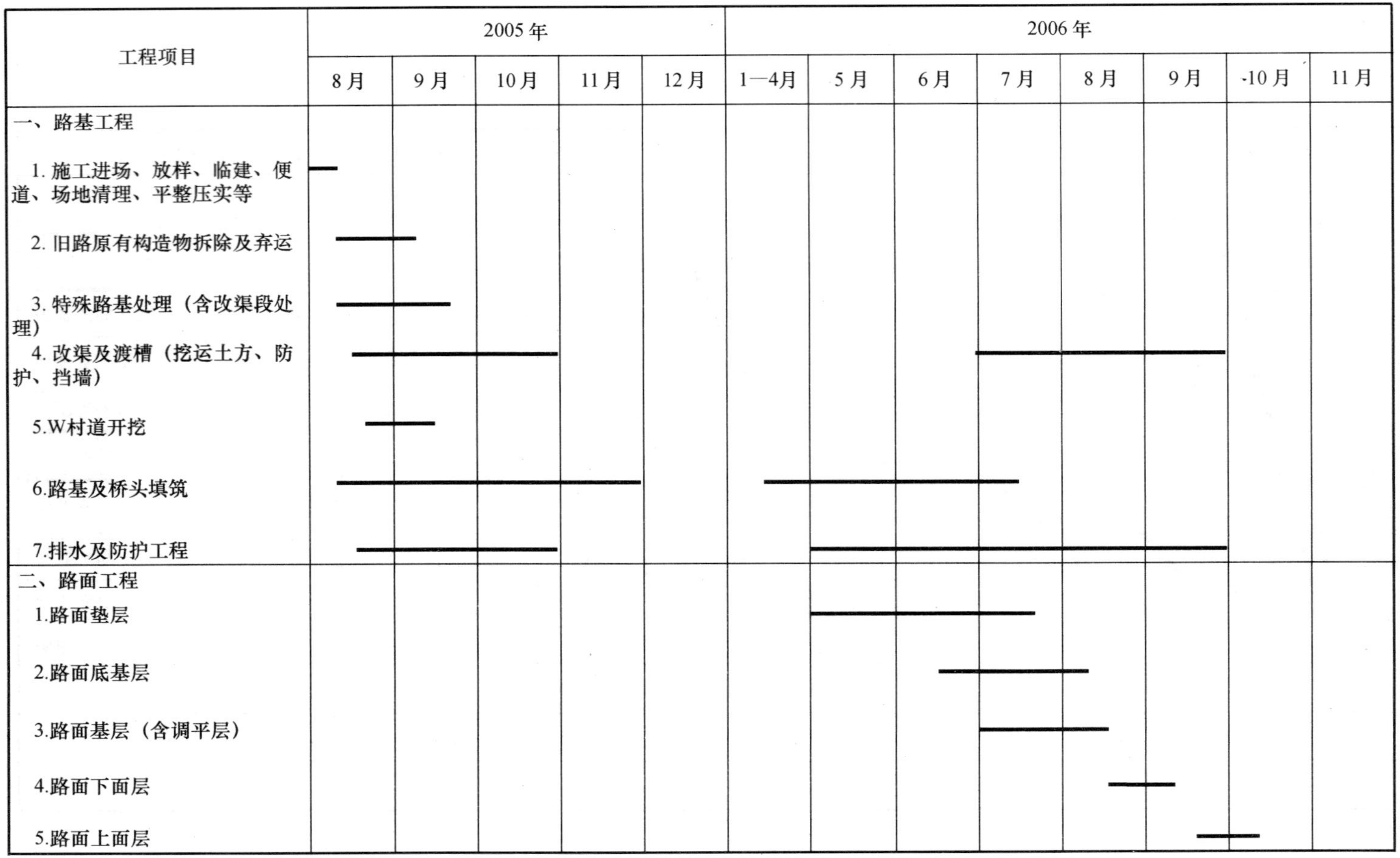

工程项目	2005年					2006年						
	8月	9月	10月	11月	12月	1—4月	5月	6月	7月	8月	9月	-10月	11月
一、路基工程													
1.施工进场、放样、临建、便道、场地清理、平整压实等	｜												
2.旧路原有构造物拆除及弃运	｜―――｜											
3.特殊路基处理（含改渠段处理）	｜――――――｜											
4.改渠及渡槽（挖运土方、防护、挡墙）	｜―――――――――――――｜										
5.W村道开挖	｜――｜											
6.路基及桥头填筑					｜―――――――｜						
7.排水及防护工程					｜―――――｜						
二、路面工程													
1.路面垫层							｜―――｜				
2.路面底基层								｜――｜			
3.路面基层（含调平层）									｜――｜		
4.路面下面层										｜―｜	
5.路面上面层											｜	

图6-2 施工总体形象进度图

工程项目	2005 年					2006年							
	8月	9月	10月	11月	12月	1—4月	5月	6月	7月	8月	9月	10月	11月
三、桥梁涵洞													
1.涵洞工程方桩预制及打桩、盖板预制	━━												
2.涵洞工程基础、承台、下部、上部		━━━											
3.钻孔桩、承台、扩大基础		━━━━━━											
4.下部工程			━━━━━										
5.上部预制		━━━━━━━━━━				━━							
7.桥面连续、铺装砼、护栏底座							━━━━━━						
6.上部结构安装									━━━━				
8.伸缩缝安装										━━			
四、绿化工程													
1.中央分隔带植草									━━				
2.边坡绿化										━━			
五、安全设施													
1.标志牌(含基础、立柱、版面)及护栏安装											━━━		
2.标线												━	
六、交工验收													
1.工程收尾、路基整容												━	
2.竣工资料整理		━━━━━━━━━━━━━━━━━━━━━━━━━━━━━━━━━━━━━											

图6-2 施工总体形象进度图（续）

④预应力箱梁预制：2006 年 4 月 1 日至 2006 年 7 月 30 日，有效施工天数 100 天。包括 20 m 预应力箱梁 48 片、25 m 预应力箱梁 48 片，计划日进度 0.5 片。

⑤箱梁安装：2006 年 7 月 1 日至 2006 年 8 月 31 日，有效施工天数 50 天。

⑥空心板安装：2006 年 7 月 1 日至 2006 年 8 月 31 日，有效施工天数 50 天。

⑦桥面铺装及桥头搭板：2006 年 8 月 1 日至 2006 年 9 月 15 日，有效施工天数 35 天。

3. 路面工程

（1）砂砾垫层：2006 年 5 月 1 日至 2006 年 7 月 20 日，有效施工天数 60 天，日进度 608 m^2。

（2）石灰、粉煤灰稳定山砂底基层：2006 年 6 月 15 日至 2006 年 8 月 5 日，有效施工天数 40 天，日进度 1 244 m^2。

（3）石灰、粉煤灰碎石基层：2006 年 7 月 1 日至 2006 年 8 月 15 日，有效施工天数 35 天，日进度 1 333 m^2。

（4）下封层：2006 年 8 月 15 日至 2006 年 8 月 25 日，有效施工天数 8 天，日进度 6 170 m^2。

（5）黏层：2006 年 9 月 10 日至 2006 年 10 月 25 日，有效施工天数 35 天，日进度 1 331 m^2。

（6）沥青混凝土下面层：2006 年 8 月 20 日至 2006 年 9 月 10 日，日进度 3 102 m^2。

（7）沥青混凝土上面层：2006 年 9 月 20 日至 2006 年 10 月 10 日，日进度 3 106 m^2。

4. 防护排水工程

（1）改河河道铺砌：2005 年 8 月 15 日至 2005 年 10 月 30 日，日进度 69 m^3。

（2）护坡：2006 年 7 月 1 日至 2006 年 9 月 30 日，有效施工天数 65 天，日进度 28 m^3。

（3）边沟及急流槽：2005 年 8 月 15 日至 2005 年 10 月 30 日；2006 年 5 月 1 日至 2006 年 6 月 30 日，日进度 47 m^3。

（4）锥坡：2006 年 5 月 1 日至 2006 年 8 月 30 日，有效施工天数 100 天，日进度 14 m^3。

五、施工总平面图

根据线路所经区域的水文、地质、地形、地貌及交通等情况，结合工程量的分布，本着方便适用、合理和便于管理的原则，进行平面布置。平面布置时，应合理使用场地，保证现场道路、水、电、排水系统畅通；便道与各工点综合布置，并与场外道路连接；尽量利用永久征地；拌合站考虑分散与集中相结合，混凝土集中拌和设置在桥涵密集处；施工队伍尽量靠近施工现场。施工总平面布置如图 6-3 所示。

六、资源需要量计划

根据本合同段提供的工程数量清单及工期的安排，提出具体使用计划。

1. 主要材料试验、测量、质检仪器设备的需要量

主要材料试验、测量、质检仪器设备计划表见表 6-1。

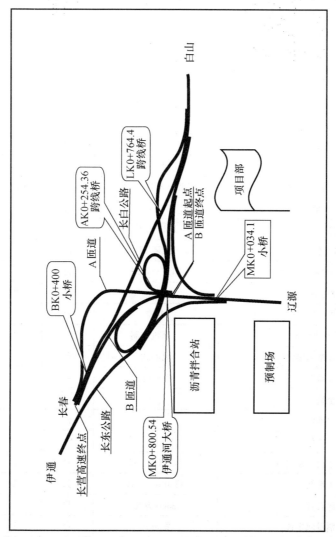

图6-3 施工总平面布置图

表 6-1 拟配备本合同工程主要材料试验、测量、质检仪器设备表

序号	仪器设备名称	规格型号	单位	数量	备注
1	万能材料试验机	WE—10 000 kN	台	1	
2	强制式搅拌机	NJB—52 型	台	1	
3	混凝土振动台	100 cm×100 cm	台	1	
4	回弹仪	HT225	台	6	
5	混凝土凝结时间测定仪	CHN—1 型	台	4	
6	大、小台秤		台	2	
7	磅秤	TGT—50	台	1	
8	电子天平	称量 2 003 g	台	1	
9	胶砂振动台	GZ—85 型	台	1	
10	胶砂搅拌机	HJ160 型	台	1	
11	电动式重型击实仪	ZC—2	台	1	
12	土壤标准击实仪	70 型	台	2	
13	砂浆稠度仪	SE145	台	1	
14	核子湿度密度仪	MC—3 3440 型	台	2	
15	烘箱	300 ℃	台	2	
16	沥青闪点仪	LR—SIV	台	2	
17	沥青自动针入度仪	LZR—2	台	2	
18	沥青自动控温延伸度仪	ZLY—79M	台	2	
19	沥青黏度仪	电控	台	2	
20	沥青抽提仪	电控	台	2	
21	沥青软化点测定仪	计算机控制	台	2	
22	沥青含蜡测定仪	离心式	台	1	
23	沥青脆点仪	ES—1 型	台	2	
24	全站仪	徕卡	台	2	
25	水准仪	S3	台	8	
26	经纬仪	J2	台	6	
27	电子测距设备及附件	WITLD D15	台	1	
28	土壤筛	φ300 0.1—10	只	4	
29	碎石筛	φ300 方孔	只	1	
30	石灰剂量测定仪	第五代	台	1	
31	材料试验机	100T	台	1	购置
32	压力试验机	200T	台	1	购置
33	马歇尔试验机	数显	台	1	购置
34	马歇尔试验机附件		套	1	购置
35	马歇尔电动击实机	LD136 型	台	1	购置
36	分析天平	万分之一	台	4	购置

2. 主要施工机械的需要量

主要机械使用计划表见表 6-2。

表 6-2 拟投入本合同工程的主要施工机械表

机械名称	规格型号	额定功率，容量，吨位	厂牌及出厂时间	数量/台 小计	其中 拥有	其中 新购	其中 租赁	新旧程度/%
1 土石方机械								
1.1 推土机	T120	120 hp	郑州 2003	2	2			90
1.2 推土机	T220	220 hp	郑州 2003	2	1	1		95
1.3 推土机	T380	380 hp	郑州 2004	1		1		100
1.4 平地机	PY180	180 kW	天津 2003	1	1			90
1.5 挖掘机	小松 220－3 型	1 m³	日本 2003	1	1			90
1.6 挖掘机	小松 220－3 型	2 m³	日本 2003	4	2		2	80
1.7 装载机	ZL50		柳州 2003	4	4			90
1.8 光轮压路机	3Y12/15	12～15 t	徐州 2004	6	4	2		90
1.9 光轮压路机	3Y18/21	18～21 t	徐州 2004	4	4			90
1.10 振动压路机	CA25	25 t	常州 2003	2	2			90
1.11 拖式振动压路机	CA50	50 t	常州 2004	1		1		100
1.12 洒水车		6 000 L	一汽 2004	2	2			90
2 运输机械								
2.1 自卸汽车		13.5 t	一汽 2004	25	10		15	90
2.2 半挂车	东风	15 t	二汽 2003	4	2		2	90
3 桥涵机械及混凝土机械								
3.1 反循环钻机	ZQ1600		西安 2003	4			4	90
3.2 泥浆泵			南京 2003	15	10	5		90
3.3 挖掘机	小松 220－3 型	2 m³	日本 2003	2	2			90
3.4 龙门吊		90 t	北京 2003	2	1		1	90
3.5 混凝土搅拌站	HZW25	25 m³/h	埠新 2003	2	2			90
3.6 混凝土输送泵			武汉 2003	2	2			90
3.7 混凝土搅拌机		350 L	天津 2003	2	2			90
3.8 洗石机			武汉 2003	2	2			80
3.9 预应力拉伸机			南京 2003	8	4		4	95
3.10 钢筋调直机	TQ4－14	7 kW	南京 2003	8	8			90
3.11 电焊机	BX1－400	400 A	济南 2003	20	15	5		95
3.12 对焊机	LP－1000D	100 kW	上海 2003	5	3	2		90
3.13 卷扬机		5 t	天津 2003	12	4	4	4	90
3.14 平板运输车		60 t	一汽 2003	2			2	90
3.15 发电机		75 kW	天津 2003	4	2	2		90

续表

机械名称	规格型号	额定功率，容量，吨位	厂牌及出厂时间	数量/台 小计	其中 拥有	新购	租赁	新旧程度/%
4 路面机械								
4.1 二灰稳定碎石拌合站	WCB200	300 t/h	西安 2003	1	1			90
4.2 沥青混凝土拌合站	DA-2003	240 t/h	无锡 2003	1	1			90
4.3 双驱双振压路机		10 t	徐州 2003	2	2			90
4.4 双驱双振压路机		20 t	徐州 2003	2			2	100
4.5 自卸汽车		15 t	一汽 2003	20	15	5		95
4.6 光轮压路机	3Y12/15	12～15 t	徐州 2004	6	4	2		90
4.7 光轮压路机	3Y18/21	18～21 t	徐州 2004	4	4			90
4.8 沥青洒布机	LS-7500		锦州 2003	1			1	100
4.9 轮胎压路机	Y214	25 t	徐州 2003	2	2			90
4.10 沥青摊铺机	ABG423 型		德国 2003	1	1			95

七、工期、质量、安全、成本、环保施工技术措施

(一) 工期保证措施

1. 调遣精兵强将，强化施工管理

工程中标后，及时组建各种专业化队伍，建立各种管理体系，保证工程按时开工；同时，建立信息化施工管理系统，在施工中始终抓住工程中的重点、难点，确保工程按计划完成。

2. 科学组织，精心施工

加强施工计划的科学性，运用统筹法、系统工程等新技术编制切实可行的实施性施工组织设计，选择最优施工方案，在施工中按计划精心组织，合理安排，科学有序。

3. 应用先进的生产设备及采用先进合理的施工工艺

根据本工程特点，配备性能良好、高效先进的施工机械和成套设备。制定合理的施工工艺，使各施工队及班组按指导书具体操作。

4. 加强施工计划管理

在保证质量、安全的前提下，合理安排作业层次，尽可能开展多工序同步施工、平行作业，控制作业循环时间。利用大好季节加快施工进度。对施工计划做到日保旬、旬保月、月保年，完成施工进度计划。

5. 抓好协调，减少干扰

本工程将成立专门协调小组，积极做好各方面协调工作，力争在每个工序开始前把干扰减少到最低程度，使工序有效展开、工程顺利进行。

6. 抓住时机，掀起施工高潮

要抓好旱季施工。在施工中适时地开展劳动竞赛活动，发扬"能攻善战、敢为人先、

争创一流"的精神，通过思想教育及合理的奖罚措施等一系列手段，振奋职工精神，不断掀起施工高潮，加快施工进度。

7. 对施工进度进行监控，确保资源合理配置

施工进度采用如下监控方法：投资指标监控法、形象进度监控法、单项进度指标监控法、关键线路网络监控法。根据施工组织设计或业主、监理及其他有关的工期要求，适时根据工程进展，调整资源配置，实现工期目标。

（二）确保工程质量措施

1. 工程质量目标、承诺

（1）质量目标：单位工程优良品率100%，合同工期履约率100%。

（2）质量承诺：项目经理、总工程师对本标段工程质量终身负责，若质量达不到承诺的目标，本投标人愿意接受合同造价2%的违约金。

2. 组织、管理措施

（1）建立健全质量保证体系。

（2）搞好分工负责。在质量管理上，项目经理统管全盘，全面负责现场施工。

（3）质量目标责任制。

（4）质量分析会制度。

3. 思想教育措施

对全员实施全过程的形势教育、全面质量管理思想和创优思想教育，提高全员质量意识，使全员明确目标，牢固树立"质量在我心中，创优在我手中"的思想。

4. 技术保证措施

（1）完善技术管理体系。建立项目经理部、施工队、工作班组三级技术管理网。现场施工过程中出现的技术问题，影响到工程质量的及时与设计、监理部门沟通，妥善处理；编写好工序作业指导书。

（2）隐蔽工程未经检查签字不得进行下道工序施工。

（3）项目经理部每旬组织一次质量大检查，对质量情况进行讲评，指出存在的问题，制定整改措施。

5. 施工保证措施

在施工中实施全过程的质量监控，推行高标准的质量管理，严格各工序技术要求，狠抓原材料和施工工艺管理，做到程序化、标准化、规范化作业。

（三）施工安全保证措施

（1）建立安全保证体系。树立"安全第一"的思想，抓生产必须抓安全，以安全促生产。项目部成立以项目经理为首的安全领导小组，配备专职安全工程师，负责全面的安全管理工作；各施工作业班组要配备专职安全员，负责各项安全工作的落实。

（2）加强全员安全教育。通过安全教育，使广大职工牢固树立"安全第一，预防为主"的意识，做到思想上重视，生产上严格执行操作规程。

（3）坚持经常和定期安全检查，及时发现事故隐患，堵塞事故漏洞，奖罚当场兑现。

（4）不断改善劳动条件，搞好劳动保护，定期对职工进行体检，预防疾病的发生。

(5) 生产、生活设施的现场布置要结合防汛考虑,并在汛期到来前做好各项防范措施。

(6) 施工现场要设临时围墙和门卫,做好防盗、防火、防破坏工作。

(7) 建立伤亡事故及时报告制度,做到"三不放过",即事故原因分析不清不放过;事故责任人和当事人未受到教育不放过;没有防范措施不放过。

(四) 成本控制保证措施

(1) 加强成本管理与控制教育,使项目全员懂得施工成本的高低与个人收入的关系,做到全员参加成本管理和控制,提高增产节约、降低消耗、杜绝浪费的意识。

(2) 编制项目的目标成本和班组责任成本,实行项目责任成本管理。

(3) 实行工序成本责任制与奖惩制度。

(4) 项目各管理层实行层层责任成本承包制。

(五) 环境保护与水土保护措施

(1) 施工中严格按设计要求和规定进行取土、弃土、弃碴、挖基、回填,避免对道路、农田造成污染和水土流失堵塞河道。

(2) 施工排水和废料的处理按环保要求执行,排列和堆放到指定地点。

(3) 施工现场材料、机械堆放整齐,施工有条不紊,做到工完料尽。施工过程中要保护当地水源和建筑物。

(4) 生活区设垃圾箱并带盖。垃圾入箱,及时清理,运至环境部指定地点弃放。

(5) 对项目全员进行环保教育,提高环保意识,全员动手做好环境保护工作。做好周围的绿化工作,不破坏天然植被;施工完毕将破坏的植被恢复。

(6) 施工中如发现文物、古迹、宝藏,及时向业主及有关部门报告并负责保护。

案例二

中标后实施性施工组织案例

中标后编制的施工组织设计又称为实施性或指导性施工组织设计，由于这类施工组织设计主要是指导施工实践的，所以编制内容应根据项目实际情况，在设备、施工方法、劳动组织、材料供应等方面必须结合实际安排，在保证施工进度、质量、安全的条件下，尽量少投入，降低成本。这就是实施性施工组织设计与竞标性施工组织设计的区别。

下面以京哈公路四平至长春段一级公路第08合同段为例，来说明在施工阶段编制实施性施工组织设计过程中应考虑的主要问题。为适应教学要求，对原工程作了适当的简化。

一、工程概况

京哈公路四平至长春段一级公路路面工程第08合同段，起止桩号为K967+000～K983+650。计算行车速度为100 km/h，本标段有中桥1座、大桥1座、收费站1处。

路基宽度为25.5 m，路基标准横断面布置为：土路肩2×0.75 m；硬路肩2×3.00 m；行车道2×7.50 m；路缘带2×0.50 m；中央分隔带2.00 m。路面横坡为2%，土路肩、横坡均为3%。路基设计标高为中分带边缘路面高程，超高旋转轴为绕中分带边缘。

二、施工总体布局

1. 施工队伍组织

为加强本标段工程的领导和管理，保证优质、高效和按业主要求工期完成本合同项目，我公司从技术力量雄厚、施工经验丰富的第四公司抽调精干人员和设备组成四长路面第08合同段项目经理部，全面负责该合同项目的实施。

2. 厂拌二灰砂土下基层、厂拌二灰碎石上基层场地布置

本着少占用地和便于施工的原则进行场地布置，具体布置情况参见拌合场平面布置图。

根据2007年剩余工程量情况，基层山砂计划2007年4月1日开始储料，白灰计划2007年4月10日开始备料，粉煤灰及基层碎石材料因现场已基本备足（占总计划量的95%），合同段将视后期工程完成情况和材料缺口情况及时组织相关材料进场。底基层与基层混合料共计约14万t，投入WCB500型拌合楼两套（已在现场）；额定总生产能力1 000 t/h。

3. 黑色路面拌合站场地布置

面层材料都已备足，将根据后期工程完成情况对不足的碎石及时组织进场。面层安装拌和量为240 t/h的热拌站1套（已在现场），计划在2007年5月25日进行调试，以保证下面层能按计划开工。本标段剩余中粒式沥青混凝土（AC—20）下面层约3.6万t、沥青玛碲脂碎石表面层（SMA—13）约3.9万t，合计约7.5万t。

4. 施工便道、便桥

施工中利用原有102道路及原路基施工便道，加强养护，定时洒水，做到晴雨通车，便道两侧设置排水沟。

5. 施工用电

拌合场内配备800 kV·A及400 kV·A变压器各1台，从高压电网引入施工用电，厂区内自设输电线路并到达施工场地。

6. 施工用水

在拌合站内自打深水井2眼，经水质化验后作为施工用水及生活用水。

7. 临时通信

项目经理部安装程控电话、传真机，并能够接线上网，在工程实际施工期间数据的传送以磁盘或传真进行传输或上网查询。各施工队之间及现场施工管理人员以无线电话进行通信。

三、施工方案

1. 垫层施工方案

2007年4月15日至2007年4月25日，有效工作日7天，总计剩余4 217 m^3，平均日进度为602 m^3，即全幅164 m/d。

人员配备：工长1人，质检员1人，试验员1人，测量员1人，民工15人。

主要机械配备：PY180平地机1台，140 hp推土机2台，15～25 t振动压路机2台，18～21 t三轮压路机2台，15 t自卸汽车20辆，6 t洒水车2辆。

施工流水方向：K979+860→K977+710。

原则上以路基施工单位实际交出的有砂砾垫层的段落，交出一段施工一段，确保底基层能够有连续地施工作业面。

2. 厂拌二灰稳定砂土下基层施工方案

2007年4月20日至2007年5月5日，有效工作日13天，平均日进度为7 918 m^2，折合单幅788 m/d。日拌和量2 775 t。

人员配备（单班）：工长2人，质检员2人，测量员2人，试验员2人，民工25人。

主要设备配备：ZL50装载机9台，500 t/h强制式稳定粒料厂拌设备2套，RP751摊铺机2台，15～25 t振动压路机2台，21 t三轮压路机2台，16 t胶轮压路机1台，15 t自卸汽车30辆，6 000 L洒水车4辆，140推土机1台，180平地机1台。

施工流水方向：K983+280→K967+000。

3. 厂拌二灰稳定碎石上基层施工方案

2007年5月6日至2007年5月31日，有效工作日21天。因为基层基本厚度为30 cm，因此施工时按两层进行铺筑和压实。平均日进度为6 731 m^2，折合单层单幅488 m/d，日拌和量4 557 t。

人员配备（单班）：工长2人，质检员2人，测量员2人，试验员2人，民工25人。

主要设备配备：ZL50装载机9台，500 t/h强制式稳定粒料厂拌设备2套，RP751摊铺机2台，15～25 t振动压路机2台，21 t三轮压路机2台，16 t胶轮压路机2台，140推土机1台，PY180平地机1台，15 t自卸汽车30辆，6 000 L洒水车4辆。

施工流水方向：K983+280→K967+000。

4. 透层施工方案

2007年5月15日至2007年6月5日。施工作业面为1个。随基层施工灵活安排。

人员配备：工长1人，质检员1人，试验员1人，民工15人。

主要设备配备：手持喷洒式沥青车1辆，不小于4个大气压的空压机2台，6~8 t钢轮压路机1台，5 t自卸汽车2辆。

施工流水方向：随基层施工后进行。

5. 中粒式沥青混凝土（LAC－20I）下面层施工方案

2007年6月1日至2007年6月25日，有效工作日21天，平均日进度为10 972 m²（即1 552 t），折合单幅939 m/d。

人员配备（单班）：工长1人，质检员2人，测量员2人，试验员2人，民工20人。

主要设备配备：240 t/H沥青混凝土搅拌站1座，ZL50装载机4台，ABG423摊铺机1台，英格索兰DD110双驱双振压路机2台，16 t胶轮压路机1台，三轮压路机1台，15 t自卸汽车20辆，6 000 L洒水车2辆。

施工流水方向：K983+650→K967+000。

6. 黏层施工方案

2007年6月26日至2007年7月25日，黏层施工在上面层施工前2天开始进行（随上面层施工进行）。

人员配备：质检员1人，试验员1人，工长1人，民工10人。

主要设备配备：手持喷洒式沥青车1辆，不小于4个大气压的空压机2台，森林灭火器4台。

7. 沥青玛琋脂碎石表面层（SMA－13）施工方案

2007年6月26日至2007年7月30日，有效工作日32天，平均日进度为11 562 m²（即1 125 t）。折合单幅1 041 m/d。

人员配备（单班）：工长1人，质检员2人，测量员2人，试验员2人，民工20人。

主要设备配备：240 t/H沥青混凝土搅拌站1座，SMA联动填加设备1台，ZL50装载机4台，ABG423摊铺机1台，英格索兰DD110双驱双振压路机3台，三轮压路机1台，15 t自卸汽车30辆，6 000 L洒水车2辆。

施工流水方向：K983+650→K967+000。

8. 路缘石施工方案

2007年5月10日至2007年6月15日，有效工作日28天，日进度为1 094延米。

人员配备：质检员1人，测量员2人，试验员1人，工长1人，民工150人。

主要设备配备：5 t平板车3辆，25 kW发电机组1台，250 L砂浆搅拌机1台，砂浆运输车2辆，水车1辆。

9. 路肩施工方案

2007年4月15日至2007年7月20日，随结构层的施工进行。

人员配备：质检员1人，试验员1人，工长1人，民工25人。

主要设备配备：1.3 m³挖掘机1台，ZL40装载机1台，5 t翻斗车10辆。

10. 排水、防护工程施工方案

2007年6月20日至2007年7月15日，有效工作日16天，平均日进度为39.5 m³。

人员配备：质检员1人，测量员1人，试验员1人，工长1人，民工40人。

主要设备配备：8 t自卸汽车2辆，1 t翻斗车3辆，50 kW发电机组1台，砂浆拌合机2台，水车1辆。

11. 收费站水泥混凝土路面

2007年5月20日至2007年6月15日，有效工作日20天，平均日进度为43.575 m³。

人员配备：测量员2人，试验员2人，质检员1人，工长1人，民工30人。

机械配备：振捣梁1套，平板振动器5个，插入式振捣器5个，1 t翻斗车3辆，强制式水泥混凝土拌合站1套，75 kW发电机组1套。

四、主要工程项目的施工方法

（一）砂砾垫层施工方法

1. 施工准备

（1）对全线水准点进行复核，并加密施工用水准点。

（2）路床验收：路基表面要平整、坚实，具有规格路拱，路床表面高程、宽度、平整度、密实度等均符合设计要求。

（3）铺筑路面垫层前，将路槽用12～15 t的三轮压路机碾压3～4遍，发现表层过干、表层松散时适量洒水；如表层过湿，发生"弹簧现象"时采取翻开晾晒或掺石灰（或水泥）等措施进行处理。

（4）本合同段的路面垫层采用砂砾垫层和碎石垫层，从料源现场用自卸汽车运输至施工现场，采用推土机、平地机进行摊铺、整平，人工整型。

2. 材料要求

用作垫层的砂砾，压碎值不大于40%，其中颗粒的最大粒径不大于53 mm，通过0.075 mm筛孔的颗粒含量不大于8%，塑性指数小于6。具体要求见表6-3。

表6-3 垫层级配范围

层位	通过下列方孔筛（mm）的质量百分率/%						
	53	37.5	19	9.5	4.75	2.36	0.075
垫层	100	92～100	80～90	60～70	30～50	16～30	0～8

3. 砂砾垫层施工方法

砂砾垫层施工工艺流程如下：

技术交底→路基交接→填前路基表面处理→施工放样→备料→推土机初平（人工捡除超粒径砾石并清除集料窝）→平地机精平→检测松铺厚度→根据情况适量洒水→碾压→检查验收。

具体施工方法如下：

（1）准备下承层：砂砾垫层必须铺筑在各项指标均验收合格的土基上。土基弯沉值不大于设计，压实度、平整度、几何尺寸、高程符合设计要求。铺筑垫层前，将路基表面的浮土、杂物全部清除干净，并洒水湿润。

（2）施工放样：复测水准点、导线点，确定无误后增设临时水准点，其间距在200 m左右。然后纵向每20 m钉立中桩和边桩（曲线段10 m），为便于备料及推土机和平地机找平而提高工作效率，横向半幅设立两条标高线，桩用竹方钉设，必要时用钢钎钉设，桩间按虚铺标高挂线。为便于观察，桩顶用红油漆涂抹，路肩侧用白灰撒出宽度控制线。施工时为达到随时控制的方便，也可采用堆积砂砾打点撒白灰的方法进行控制，但为达到控制准确，需加密设点，另外机械操作手要仔细作业，避免送料过多或过少。

（3）备砂砾：备料前必须准确计算好材料用量及每车的堆放距离，然后按计算好的距离将材料均匀卸于路上，卸料间距严格掌握，避免砂砾料过多或过少而增加推铺、整平时间。自卸车要保证每车装料大致相等，以便于卸料间距的控制。卸料间距根据垫层厚度、宽度、干密度、横向布置车数和每车装料吨数来确定。

（4）推铺砂砾：推土机推铺过程中，人工捡除超规格砾石和及时消除粗细集料窝，用铁锹翻拌尽可能使材料均匀，必要时用细料作嵌缝处理。推土机按线或点初平后，平地机纵向按放样线或点仔细精平，精平横断方向由低处向高处进行。人工配合平地机进行边部修整和局部离析处的处理。测量人员随机进行高程检测并把结果反馈给工长，工长指挥平地机细致找平、整型。

（5）碾压：先用振动压路机在全宽范围内静压一遍，以暴露出潜在的不平整，之后平地机终平一次。如果含水量偏低则适量洒水，充分渗透后振动压路机由边部向中部1/2错轮碾压（超高处由低处向高处压实）。经过整平和整型，按试验路段所确认的压实工艺，在全宽范围内均匀地压实至重型击实最大密度的96%以上。

（6）检测：按要求进行砂砾级配、压实度、几何尺寸等指标检测，合格后方可进行下道工序施工。

（7）施工注意事项。

①严禁压路机在已完成的或正在碾压的路段上调头或急刹车。

②洒水量要视实际情况而定，不得过量喷洒，以免浸湿路基。

③两作业段衔接处，第一段留下5 m左右不进行碾压，等第二段施工时，将前段留下的未压实部分重新整型并适量洒水后与第二段一起碾压。

④凡压路机不能作业的地方，采用小型压路机或机夯进行压实，直到达到规定压实度。

（二）厂拌二灰稳定山砂下基层施工方法

1. 施工准备

（1）路床验收：下承层表面要平整、坚实，具有规格路拱，路床表面高程、宽度、平整度、密实度等均符合设计要求。

（2）测量放样：测量控制桩间距，正常段控制在10 m、曲线段控制在5 m一个，控制桩测设完成后，在中分带及路肩侧打入钢筋桩，按设计高程加上30 cm挂上基准线，两端用拉力器固定在钢筋桩上，钢丝绳长度每施工段100～130 m，一个施工段不得过长。

2. 材料要求

（1）石灰：采用Ⅲ级以上的磨细钙质消石灰，石灰的存放时间不得超过一个月。

（2）粉煤灰：粉煤灰中SiO_2、Al_2O_3和Fe_2O_3的总含量应大于70%，烧失量不超过

15%，采用水洗法测定的0.3 mm筛孔的通过量不小于90%。0.075 mm筛孔的通过量不小于70%。

干粉煤灰和湿粉煤灰都可以使用，干粉煤灰如堆在空地上，应加水，防止飞扬造成污染。湿粉煤灰的含水量不超过35%。使用时，将凝固的粉煤灰块打碎或过筛，同时清除有害杂质。

（3）山砂：应符合设计要求。

（4）水：水应洁净，不含有害物质。

（5）配合比要求：厂拌二灰稳定山砂下基层混合料中各成分的比例为石灰∶粉煤灰∶山砂＝8∶28∶64（质量比），具体由室内试验根据强度要求确定。混合料7天的无侧限抗压强度应不低于0.6 MPa，下基层的压实度不小于96%（按重型击实标准）。

3. 施工方法

（1）下基层工艺流程。技术交底→准备下承层→施工放样→混合料的拌制与运输→摊铺混合料→试验检测→碾压→试验检测→接缝和调头处的处理→养生→检查验收。

为防止路面反复被路肩填土污染，路肩及中分带填土随基层后面施工作业。

（2）准备下承层。下承层表面要平整、坚实，高程、宽度、平整度、密实度等指标符合设计要求。在底下基层施工前，将下承层表面所有的杂物清理干净。如果下承层表面干燥，适量洒水湿润以免下承层吸收下基层底部水分而降低下基层底部的强度，从而保证下基层整体强度的均匀性。

（3）施工放样。复测水准点、导线点，确定无误后增设临时水准点，导线占间距在500 m左右，水准点间距在200 m左右，所有增设的临时导线点与水准点必须进行整体平差，误差满足设计要求后方能使用。

（4）混合料的拌和。混合料采用集中厂拌法拌和。厂拌的设备采用2台500 t/h的强制式稳定土拌和设备集中拌和。各料仓的实际配料要先测定各单质材料的当日含水量情况，以便在配料时在加水量中扣除。加水时可比最佳含水量多1%～2%，以补偿混合料在运输和摊铺时的水量损失。

（5）混合料的运输。采用15 t自卸汽车进行运输，车厢内清洁干净，配备苫布以便在运输距离较远时对混合料进行苫盖，防止表层混合料水分过分散失而使混合料含水量不均匀。运输车辆在施工段落内限速行驶，严禁在下基层上急刹车和急调头。

（6）摊铺。下基层厚度基本为20 cm，一次摊铺完成。

摊铺前对摊铺机的各系统进行检查、调试，主要对供料系统、振捣梁、熨平板、传感器、螺旋送料器等关键部位进行检查。

在验收合格的底下承层上，将摊铺机调正位置后，抬起熨平板，下面垫上三块厚度等于预计松铺厚度的木方，不足处用薄木板支垫。然后放下熨平板，使熨平板完全压在木方上，重新检测松铺厚度及横坡并以薄木板进行细部调整。调整合格后，使厚度传感器搭在基准线上并确认接触良好。

为保证混合料的均匀性，第三车混合料先行卸料，然后卸置第一车、第二车并陆续卸料。第三车混合料卸料时，自卸车慢速倒向摊铺机并应使汽车后轮尽可能靠向摊铺机的推动轮，然后停下并缓慢支斗卸料。摊铺机启动进料系统并使布料器内的混合料高出螺旋送料器2/3以上高度，以免摊铺时边部发生离析。

摊铺时要保证能够实现均匀连续的作业,速度不能时快时慢。摊铺速度可控制在 $2 \sim 4 \ m/min$。同时,布料器内要保证混合料均匀、饱满,尽量避免粗细集料的离析,在摊铺机后面设专人负责对局部集料窝进行铲除并用新料回填。

(7) 碾压。碾压时,遵循先轻后重、先慢后快、由低到高的原则进行碾压。

压实工艺如下:首先用振动压路机关闭振动静压 1 遍,之后开启振动振压 $2 \sim 3$ 遍,再静压 $2 \sim 3$ 遍、三轮压路机压实 $1 \sim 2$ 遍,最后用轮胎压路机压实 1 遍,以达到表面平整、密实、光洁。压实以达到平整、密实并无明显轮迹为原则。

压路机的碾压速度初压时控制在 $1.5 \sim 1.7 \ km/h$,复压时控制在 $2.0 \sim 2.5 \ km/h$,碾压时重叠 1/2 轮宽,相邻两碾压作业段相接处必须有 2 m 左右的重叠段,以保证下基层的整体稳定性和强度的均匀性。压路机严禁在压实过程中或已压实完成的段落上调头和急刹车。

(8) 接缝的处理。人工将末端含水量合适的混合料做整齐,紧靠混合料放两根方木,方木的高度与混合料的压实厚度相同。整平紧靠木方的混合料,木方的另一侧用砂砾回填约 3 m 长,其高度高出木方几厘米。之后一起将混合料压实,再重新开始摊铺混合料。如果摊铺中断,未按上述方法处理横缝,则将已碾压密实且高程与平整度均满足要求的末端与路中线方向垂直切断,然后重新铺筑混合料。

(9) 质量检测。施工过程中随时检测混合料的含水量情况,发现混合料颜色异常或含水量变化较大时立即通知拌合厂进行调整。压实完成后对混合料的压实度进行检测,取样后回到试验室对灰剂量、级配进行检测,试件成型、养生准备作 7 天后的强度试验。测量人员对平面位置、高程和断面几何尺寸进行检测并把结果反馈给内业员进行整理、分析。

(10) 养生。碾压完成后立即进行养生,养生方式为洒水保湿养生,养生期为 7 天,在整个养生期间内除洒水车外禁止任何车辆通行。如果底基层施工完成后,在 7 天之内可直接进行上基层施工。

(11) 注意事项。

①未经压实的混合料受雨淋后,要清除并更换。

②严禁压路机在已完成的或正在碾压的路段上调头或急刹车,以保证结构层表面不受破坏。

(三) 厂拌二灰稳定碎石上基层施工方法

1. 施工准备

(1) 路床验收:下基层表面要平整、坚实,具有规格路拱,路床表面高程、宽度、平整度、密实度等均符合设计要求。

(2) 测量放样:测量控制桩间距控制在 5 m 一个,控制桩测设完成后,在施工一端打入钢筋桩,把拉力器一端固定在钢筋桩上,钢丝绳长度每施工段 $100 \sim 130 \ m$,一个施工段不得过长。

2. 材料要求

(1) 白灰、粉煤灰:同底基层要求。

(2) 碎石:碎石的压碎值不大于 30%,级配应符合表 6-4 的规定。

表 6-4 基层混合料中集料的级配范围

粒径/mm	31.5	26.5	19	9.5	4.75	2.36	1.18	0.6	0.075
通过率/%	100	90～100	63～74	29～39	17～25	13～19	10～14	7～10	3～4

(3) 水：水应洁净，不含有害物质。

3. 配合比要求

基层混合料 7 天（试件在 20 ℃条件下湿养 6 天，浸水 1 天）的无侧限抗压强度不小于 0.8 MPa。上基层混合料的压实度不小于 96%（按重型击实标准）。配合比为白灰∶粉煤灰∶碎石＝6∶14∶80。

4. 施工方法

(1) 基层工艺流程。技术交底→准备下承层→施工放样→混合料的拌制与运输→摊铺混合料→试验检测→碾压→试验检测→接缝和调头处的处理→养生→检查验收→路肩及中分带填土。

(2) 准备下承层。对于新建路，下承层表面要平整、坚实，高程、宽度、平整度、密实度等指标符合设计要求；对于老路面上的低洼和坑洞，仔细修整并在基层施工前用基层料把所有坑洞填压密实。在基层施工前，将下承层表面所有的杂物清理干净。如果下承层表面干燥，适量洒水湿润以免下承层吸收基层底部水分而降低基层底部的强度，从而保证基层整体强度的均匀性。

(3) 施工放样。复测水准点、导线点，确定无误后增设临时水准点，导线点间距在 500 m 左右，水准点间距在 200 m 左右，所有增设的临时导线点与水准点必须进行整体平差，误差满足设计要求后方能使用。

(4) 混合料的拌和。混合料采用集中厂拌法拌和。厂拌的设备采用 3 台 500 t/h 的强制式稳定土拌和设备集中拌和。

各料仓的实际配料要先测定各单质材料的当日含水量情况，以便在配料时在加水量中扣除。加水时可比最佳含水量多 1%～2%，以补偿混合料在运输和摊铺时的水量损失。

(5) 混合料的运输。采用 15 t 自卸汽车进行运输，车厢内清洁干净，配备苫布对混合料进行苫盖，防止表层混合料水分过分散失而使混合料含水量不均匀。运输车辆在施工段落内限速行驶，严禁在下基层上急刹车和急调头。

(6) 摊铺。正常段基层厚度为 30 cm，分两次铺筑完成。

摊铺前对摊铺机的各系统进行检查、调试，主要对供料系统、振捣梁、熨平板、传感器、螺旋送料器等关键部位进行检查。

在验收合格的下基层上，将摊铺机调正位置后，抬起熨平板，下面垫上三块厚度等于预计松铺厚度的木方，不足处用薄木板支垫。然后放下熨平板，使熨平板完全压在木方上，重新检测松铺厚度及横坡并以薄木板进行细部调整。调整合格后，使厚度传感器搭在基准线上并确认接触良好。

为保证混合料的均匀性，第三车混合料先行卸料，然后卸置第一车、第二车并陆续卸料。第三车混合料卸料时，自卸车慢速倒向摊铺机并应使汽车后轮尽可能靠向摊铺机的推动轮，然后停下并缓慢支斗卸料。摊铺机启动进料系统并使布料器内的混合料高出螺旋送料器 2/3 以上高度，以免摊铺时边部发生离析。

摊铺时要保证能够实现均匀连续的作业，速度不能时快时慢。摊铺速度可控制在 2~4 m/min。摊铺时，布料器内要保证混合料均匀、饱满，尽量避免粗细集料的离析，在摊铺机后面设专人负责对局部集料窝进行铲除并用新料回填。

（7）碾压。碾压时，遵循先轻后重、先慢后快、由低到高的原则。

压实工艺如下：首先用振动压路机关闭振动静压1遍，之后开启振动振压3~4遍，三轮压路机压实1~2遍，最后用轮胎压路机压实1遍以达到表面平整、密实、光洁。压实以达到平整、密实并无明显轮迹为原则。

压路机的碾压速度初压时控制在 1.5~1.7 km/h，复压时控制在 2.0~2.5 km/h，碾压时重叠 1/2 轮宽，相邻两碾压作业段相接处必须有 2 m 左右的重叠段，以保证基层的整体稳定性和强度的均匀性。压路机严禁在压实过程中或已压实完成的段落上调头和急刹车。

（8）接缝的处理。人工将末端含水量合适的混合料做整齐，紧靠混合料放两根方木，方木的高度与混合料的压实厚度相同。整平紧靠木方的混合料，木方的另一侧用砂砾回填约 3 m 长，其高度高出木方几厘米。之后一起将混合料压实，再重新开始摊铺混合料。如果摊铺中断，未按上述方法处理横缝，则将已碾压密实且高程与平整度均满足要求的末端与路中线方向垂直切断，然后重新铺筑混合料。

（9）质量检测。施工过程中随时检测混合料的含水量情况，发现混合料颜色异常或含水量变化较大时立即通知拌合厂进行调整。压实完成后对混合料的压实度进行检测，取样后回到试验室对灰剂量、级配进行检测，试件成型、养生准备做 7 天后的强度试验。测量人员对平面位置、高程和断面几何尺寸进行检测并将结果反馈给内业员进行整理、分析。

（10）养生。碾压完成后立即进行养生，养生方式为苫盖土工布后洒水保湿养生，养生期为 7 天，在整个养生期间除洒水车外禁止任何车辆通行。第 1 层铺筑完成后可直接铺筑第 2 层，不用专门养生，待第 2 层铺完成后共同养生，但两层相隔时间不能超过 7 天。

（11）注意事项。
①未经压实的混合料受雨淋后，要清除并更换。
②严禁压路机在已完成的或正在碾压的路段上调头或急刹车，以保证结构层表面不受破坏。

（四）透层施工方法

1. 施工准备

（1）原材料进场和检验。在原材料进场前对原材料按规范要求频率进行抽检，达不到要求的原材料禁止进场。

（2）下承层准备。清除下承层表面的杂物和垃圾，用空压机进行除尘。准备洒铺沥青的工作面，必须整洁而无尘埃。

2. 喷洒下封层乳化沥青

下封层沥青采用人工配合机械洒布，其用量为 0.8 kg/m²，按规范要求和方法检测洒布用量，每次检测 3 处，喷洒时要避免超量或漏洒、少洒，一旦出现立即纠正。

3. 洒布石屑

人工撒铺石屑，用量为 3 m³/1 000 m²；采用 6~8 t 钢筒式压路机稳压，石屑的规格和级配应符合机制砂中的规定。

4. 注意事项

（1）浇洒乳化沥青前，路面应清扫干净，对路缘石及人工构造物适当防护，以防污染。

（2）下封层沥青洒布后应不致流淌，渗透入上基层一定深度，不得在表面形成油膜。

（3）洒布沥青材料时的风速适度，浓雾或下雨时不能施工，且气温不低于10℃。

（4）下面层施工前，将多余集料清扫出路面，如果由于行车作用被剥落造成半刚性基层外露，应补洒乳化沥青。

（五）黏层施工方法

1. 施工准备

对沥青按规范要求频率进行抽检，达不到要求的原材料禁止进场。

2. 喷洒沥青

黏层沥青采用人工配合机械洒布，并按规范要求和方法检测洒布用量，每次检测3处，喷洒时要避免超量或漏洒、少洒，用油量为 0.3 kg/m²，黏层沥青在上面层铺筑前洒布。

3. 注意事项

（1）浇洒黏层油前，路面有脏物尘土时应清除干净，当有沾黏的土块时，应用水刷净，待表面干燥后浇洒；路缘石及人工构造物应适当防护，以防污染。

（2）黏层沥青应均匀洒布或涂刷，浇洒过量处予以刮除。

（3）气温低于10℃时或路面潮湿时，不得浇洒黏层沥青。

（4）浇洒黏层沥青后，严禁除沥青混合料运输车以外的其他车辆、行人通行。

（六）沥青混凝土面层施工方法

1. AC—20下面层

1）施工准备

（1）施工现场人员配备。工程科长1人，工长2人，质检员1人，试验员1人，测量员1人，机械操作手8人，修理工2人，劳动力20人。

（2）拌合场人员配备。配备场长1人，操作员2人，电工1人，基质沥青加热司炉员1人，修理工4人，试验员3人，机械操作手6人，劳动力20人，检斤员2人。

（3）测量放样。测量控制桩间距控制在5 m一个，控制桩测设完成后，在路肩及中分带侧打入钢筋桩，把拉力器一端固定在钢筋桩上，钢丝绳长度每施工段100～130 m，一个施工段不能过长。

（4）设备检查、保养。施工现场重点检查摊铺机、压路机的完好率，及时维修保养。拌合站重点检查筛网、称量系统、除尘系统、控温系统，保证各系统正常有效工作。上面层要保证纤维填加设备有效运行。运料车必须配备用于防雨、防尘及防潮的苫布，在接料之前要清理车厢内的杂物弄均匀喷洒1：3的柴油与水的混合液，但不得出现混合液的流淌现象。

2）拌和

（1）沥青混合料拌和。采用全自动间歇式沥青混凝土拌合站拌和，产量240 t/h，配有材料配合比和施工温度的自动检测和记录设备。拌合站设置总计储存1 000 t的沥青储油罐。

(2) 冷料仓的供料比例是控制级配的关键，所以要准确把握冷料仓的供料速度与供料数量关系，使供料速度均衡稳定，级配曲线平稳无大波动，避免严重的等料或溢料现象发生，冷料仓应加高隔板以防止混料，同时其上应加盖一层钢筋网以防止大粒径碎石进入混合料中，保证混合料的质量。

(3) 根据不同的气温、矿料、干湿程度等因素，适当调整矿料加热温度，使出厂温度保持一致，摊铺温度一致，以保证路面相对稳定的平整度及密实度。

(4) 拌和时间以混合料拌和均匀、所有矿料颗粒全部裹覆沥青结合料为度。拌和的沥青混合料应均匀一致，无花白料，无结团成块或严重的粗细集料分离现象；拌和时间一般不少于 45 s（其中干拌 5 s，湿拌 40 s）。

(5) 拌合楼控制室要逐盘打印沥青及各种矿料的用量和拌和温度，并定期对拌合楼的计量和测温进行校核；每天用拌和总量检验各种材料的配合比和普通沥青混凝土下面层油石比的误差。

(6) 质量控制。

①目测：由一名经验丰富的质检工程师对混合料进行目测，发现问题，分析原因，及时调整，不允许不合格料出厂。

②试验检测：上下午各完成一次抽提，对级配和油石比进行检查，检查每车混合料的出厂温度；每天至少做一次马歇尔稳定度试验；拌和场每晚对改性沥青的软化点、针入度及颗粒研磨、分散情况抽样检查，并在次日开机生产前将试验结果和当日配料单一并报监理工程师。

③形成的记录和报告：日消耗各种材料数量；混合料日产量；每车料出厂温度；油石比及级配试验报告；马歇尔稳定度试验报告。

3) 运输

(1) 使用 15 t 自卸汽车运输混合料，运输能力较拌和能力或摊铺速度有所富余，保证摊铺机连续正常作业。运料车在开始运输前，应在车厢及底板上涂刷一层隔离剂，使沥青混合料不致与车厢粘结，但不得有余液积聚在车厢底部。

(2) 运料车应前后至少移动三次装料，防止混合料离析。运输车用篷布苫盖，以保温、防雨、防污染。

(3) 运料车在运输过程中，不得随意停歇，卸料时必须倒净，否则必须及时清除。摊铺时，在施工现场等候卸料的运输车不少于 5 辆，以保证摊铺机连续摊铺，摊铺过程中，运输车在摊铺机前 10~30 cm 处停住，不能撞击摊铺机。卸料过程中，运输车挂空挡或手刹车，靠摊铺机推动前进。施工现场配备专人执旗指挥倒车及卸车。

(4) 现场质检工程师对每车混合料进行目测并检测温度，不合格者要运至指定地点弃掉，不能摊铺。

4) 摊铺

(1) 摊铺方法。选用 1 台德国产全自动 12.5 m 宽的 ABG423 摊铺机摊铺，摊铺速度控制在 2~3 m/min。摊铺时采用双侧挂基线的方法摊铺，按照试验段总结确定的施工工艺进行摊铺。

(2) 摊铺程序。

①检测合格的混合料。摊铺前将工作面清扫干净,如用水进行冲洗,必须晒干后才能进行摊铺作业。

②由摊铺机手和测量工程师共同完成摊铺机就位调整工作,使摊铺机进入工作状态。

③摊铺机就位,在已验收合格的上基层上,将熨平板置于事先备好的木垫上,木垫厚度为混合料压实厚度乘以松铺系数。最后由测量员用水准仪校正与设计一致。

④预热熨平板使之与混合料温度一致后,调试移动式自动找平基准装置,以控制路面高程和厚度,确保路面的平整度。

⑤刚开始摊铺时,要求后到的车先卸料,先到的车后卸料,以防拌合站刚出料时温度控制不准等问题。

⑥专人指挥运料汽车徐徐倒车,当其后轮距摊铺机10~30 mm时停车,让摊铺机推动料车前进,按指令缓缓起斗卸料。

⑦摊铺机熨平板进满混合料后,推动汽车慢慢前进开始摊铺。起步摊铺5~10 m后,测量员立即检测摊铺好的混合料的厚度、高程和横坡度,如全部达标就继续前进。否则,按设计要求边调机边整修已摊铺的混合料,在20 m内整修达标,再继续摊铺。

(3)质量检测。

①摊铺后即将数显式温度计插入,密切注视温度变化,根据碾压温度的要求及时碾压。

②测量人员分成两组,一组负责在摊铺机前进行基准桩定位、基准线架设;另一组负责在摊铺机后跟踪检测高程、横坡。

③采用钢板尺、五米直尺检测厚度及平整度,不符合要求时,调整虚铺厚度加以解决。

④形成的记录和报告:摊铺温度检测记录;平整度检测记录;高程、横坡度检测记录;虚铺厚度检测记录。

5)碾压

(1)碾压分初压、复压、终压三个阶段。

(2)碾压由专人指挥,碾压要按部就班有条不紊,完成碾压任务的压路机及时退回并停在已碾压成型的路段上(且该段沥青混凝土温度已达到常温)。

(3)碾压的总原则:由低向高,先稳后压,由冷向热。

(4)碾压速度:见表6-5。

表6-5 压路机碾压速度　　　　　　　　　　　　　　km/h

压路机类型	初压		复压		终压	
	适宜	最大	适宜	最大	适宜	最大
双驱振动路机	2~3	4	3~5	6	3~6	6
轮胎式压路机	2~3	4	3~5	6	4~6	8
双驱双振压路机	2~3（静压或振动）	3（静压或振动）	3~4.5（振动）	5（振动）	3~6（静压）	6（静压）

(5)碾压长度:根据试验段确定,一般不超过60~80 m。

① 初压:初压用1台双驱双振压路机,在混合料摊铺后较高温度下静压1遍。碾压时将驱动轮面向摊铺机,从外侧向中心碾压。相邻碾压带重叠1/3~1/2轮宽。

② 复压:复压采用双驱振动压路机振压2~3遍,再用重型胶轮压路机碾压1~2遍。

③ 终压：终压用三轮压路机碾压 1 遍，再用双驱振动压路机压实 1 遍，直至无轮迹。

(6) 注意事项。

① 在碾压过程中，不得在碾压区段上转向、调头、左右移动位置、中途停留、变速或突然刹车，要求碾压速度均匀，不能时快时慢。对于碾压不到之处，用手扶振动压路机压实。

② 压路机折回处不能在同一横断面，要形成阶梯形，每次错开 6 m。

③ 压路机洒水要少量均匀，大量的水浸泡高温沥青混凝土会造成沥青剥落。

(7) 质量检测。

① 及时用标定后的核子密度仪对碾压后的沥青混凝土面层进行检测，发现密实度不合格时，及时解决。

② 在已冷却的面层上钻芯取样，测其密度、空隙率、厚度等指标，用连续式平整度仪对成型路段进行平整度检测。

③ 形成的记录与报告：密实度检测报告；平整度检测报告；厚度检测报告；日完成工程量及施工桩号。

6) 施工接缝的处理

(1) 纵向施工缝：主要集中在加宽渐变段上，摊铺机无法达到的地方用人工细致找补，以热接缝形式在最后作跨接缝碾压以消缝迹。

(2) 横向施工缝：全部采用平接缝。用 5 m 直尺沿纵向位置，在摊铺段端部的直尺呈悬臂状，以摊铺层与直尺脱离接角处定出接缝位置，用锯缝机割齐后铲除；继续摊铺时，应将摊铺锯切留下的灰浆擦洗干净，涂上少量黏层沥青，摊铺机熨平板从接缝处起步摊铺；碾压时用钢筒式压路机进行横向压实，从先铺路面上跨缝逐渐移向新铺面层。

2. 沥青玛琋脂碎石表面层（SMA－13）施工方法

1) 资源配备

(1) 施工现场人员配备。工程科长 1 人，工长 2 人，质检员 1 人，试验员 1 人，测量员 1 人，机械操作手 8 人，修理工 2 人，劳动力 20 人。

(2) 拌合场人员配备。配备场长 1 人，操作员 2 人，修理工 4 人，试验员 3 人，机械操作手 6 人，劳动力 20 人，检斤员 2 人。

2) 设备检查、保养

施工现场重点检查摊铺机、压路机的完好率，及时维修保养。拌合站重点检查筛网、称量系统、除尘系统、控温系统，保证各系统正常有效工作。保证纤维填加设备有效运行。运料车必须配备用于防雨、防尘及防潮的苫布，在接料之前要清理车厢内的杂物并均匀喷洒 1∶3 的柴油与水的混合液，但不得出现混合液的流淌现象。

3) 混合料的拌和

(1) 使用间歇式沥青混合料拌合机进行搅拌，额定单机产量 240 t/h。拌合机具有自记装置，可逐盘打印沥青及各种矿料用量，显示拌和温度。

(2) 基质沥青采用导热油系统进行加热。

(3) 集料用装载机装入冷料仓，上料时坚决避免混料、缺料现象发生。矿粉装入矿粉仓，采用电子计量控制其加入量。木质纤维素采用专用设备添加，此设备有自动电子称量系统，用量为混合料总量的 0.3%。

(4) 为了提高拌合站的生产效率,减少集料的烘干时间,应对集料堆进行苫盖,特别是 5~10 mm 集料和机制砂必须严密苫盖。

(5) 准确控制配合比是 SMA 能否成功的关键。因此拌合站的控制室操作人员要增强责任心,不能随意手动改变生产配合比。

(6) 拌和出的沥青混合料应均匀一致,无花白料,无结团成块或严重的粗细集料离析现象,不符合要求时及时调整。

(7) 沥青混合料出厂要求对车进行温度测定,并做好记录,如有异常及时通知拌合场进行调整。

(8) 拌和出的沥青混合料,试验人员要及时取样进行试验,不合格及时调整,保证混合料质量。

(9) 在正式施工生产时,为保证第一车混合料的温度,根据施工气温情况可考虑先拌制 2~3 锅白料,以增加拌锅、上料车、储料仓及运输车的温度,减少温度损失。

4) 运输

(1) 沥青混合料用 15 t 自卸汽车运输。车厢内必须清扫干净,车厢侧面和底板涂一薄层油水混合液(柴油和水的比例为 1∶3),但不能积聚,以免混合液进入混合料中而影响路面强度。

(2) 从拌合机向运料车放料时,应向斗前、后各放一次料,然后向中间放料,以减少混合料离析。放料时应控制放料数量,避免放料时洒料。一般每车装料控制在 25 t 以下为宜。

(3) 运输车运料时设专人用苫布覆盖,以保温、防雨、防污染。苫布必须用绳子在车厢的中部两侧及后侧绑紧。

(4) 运料车出场时过磅检斤,检斤小票上标明出场时间,不允许运输车在途中停留时间过长。

(5) 沥青混合料运至现场后,凭运输单接收,并检查混合料质量。出现温度不合格、结块、遭到雨淋等现象,混合料不得使用。

(6) 运输车在摊铺机前 30 m 处停下,调头,倒向摊铺机。在摊铺机前 20~30 cm 处停下(不得碰撞摊铺机),挂空挡,摊铺机推动运输车前进后才能卸料。运输和卸料过程中不允许撒料。

(7) 卸料后由于混合料不能完全卸净,剩余混合料可在靠近摊铺机一侧在不影响下车卸料的情况下将剩余料卸在摊铺机前,然后人工立即将剩料铲入摊铺机的受料斗内与下车混合料共同拌和,但剩余混合料温度下降超出摊铺温度时必须清除,不得使用。

(8) 运输车辆的数量需保证能使摊铺作业连续的要求,搅拌和(或)摊铺能力有所富余。一般在摊铺机前应有 3 台以上的运料车等候。根据运距长短可配备 15~20 台运输车辆。

5) 摊铺

(1) 调试摊铺机:摊铺前,对摊铺机进行调试,对熨平板、夯锤、搅笼、倒料系统、传感器进行检查和校正,使摊铺机满足具有调整厚度、拱度、自动调平的能力,具有可加热的振动熨平板和初步捣实功能,保证沥青混合料路面正常施工。

(2) 准备工作完成后方可开始摊铺,用一台摊铺机在全宽度范围内一次性摊铺完成,摊铺前在受料斗内涂刷少量油水混合液,以防止粘料。混合液涂刷时以均匀和不流淌为原则。

(3) 摊铺机就位：抬起摊铺机熨平板，下面垫上预计松铺厚度的木板，即 4.5 cm（松铺系数可为 1.13，具体通过试验段确定），落下熨平板，并使熨平板完全落实在木板上，对熨平板进行加热。加热温度应控制在 90 ℃～100 ℃，温度合格后开始摊铺。加热时间可根据当天的施工气温情况确定，一般在 0.5～1.0 h 内间断加热。加热过程中随时注意被风吹灭的喷口，要重新点燃。

(4) 摊铺时先摊铺第三车混合料，然后再摊铺第一车混合料，以补偿摊铺机的温度损失。

(5) 在现场设专人对每辆车进行温度检测。

(6) 摊铺速度：沥青混合料必须缓慢、均匀、连续不间断地摊铺，摊铺过程中不得随意换挡或中途停车，摊铺过程中螺旋布料器应不停顿地转动，混合料应达到布料器2/3的高度，以尽可能保证在全宽断面内不发生离析。

(7) 边线部位应精心操作，以保证线型在碾压结束后平整、直顺、美观。对于互通立交等横断面变化处，配备 1 台伸缩摊铺机，尽可能用机械摊铺，局部用人工铺料，人工铺筑时必须仔细操作，保证顶面平顺，混合料均匀。

6) 碾压

(1) 碾压采用双驱双振压路机，分初压、复压、终压三个阶段进行。压路机应以缓慢而均匀的速度碾压，启动、停止时必须平稳，碾压速度应符合表 6-6 的规定。

表 6-6　压路机碾压速度　　　　　　　　　　　　　　　　　　m/min

压路机类型	初压	复压	终压
双驱双振压路机	25～35	60～80	80～100

(2) 压路机从低侧向高侧碾压，相邻碾压轮的重叠宽度不得大于 30 cm，且呈阶梯状前进，每次压实都要紧随摊铺机行进，压完全幅为一遍。采用振动压路机碾压 LSMA 应遵循"高温、紧跟、匀速、慢压、高频、低幅、先边、后中"的方针。即压路机必须紧跟在摊铺机后面碾压，并采取高频率、低振幅的方式碾压。

(3) 路面应防止过度碾压，如碾压过程中发现沥青玛琋脂部分上浮或石料压碎、棱角明显磨损等过碾的现象，碾压应停止，并分析原因。

(4) 每一碾压过程由现场工长进行控制，在路边插小旗标明碾压状态。为防止出现重复压实同一段落或漏压，小旗要跟踪压路机向前及时移动。每段最佳碾压长度为 30～40 m。压路机碾压过程中有粘轮现象时，可向碾压轮洒少量加洗洁精的水，严禁洒柴油。

(5) 压路机不允许在未碾压成型或未冷却的路面上转向、调头或停车等候，以免路面出现横向坑槽和由压路机的横向力造成的混合料横向推移。

(6) 碾压过程中严密监视混合料温度及压实情况，如不满足要求适当进行调整。如果混合料的温度接近摊铺温度的下限，则适当缩短压实距离。

7) 接缝

(1) 纵缝。本合同工程只加宽渐变段存在纵接缝现象。纵向接缝采用热接缝，人工作业。热接缝施工时应将先施工部分留下 20～30 cm 暂不碾压，待人工整平后最后作跨缝碾压以消除轮迹。对摊铺机摊铺不到的地方人工进行摊铺，用耙子整平表面，把粗的混合料清除，保证表面不离析。

(2) 平缝。

①每天施工结束后，摊铺机在接近端部前约 1 m 处关闭振动夯板，抬起熨平板驶离现场。人工将端部混合料铲齐再碾压，然后用 5 m 直尺检查平整度，趁混合料未冷却时垂直切除端部厚度不足和平整度不好的部分，使下次施工成直角连接。

②下次摊铺前在成型路段上垫上计算松铺厚度的木板，重新开始摊铺，接缝处摊铺完成后立即用 3 m 直尺检查平整度，当有不符合要求时，应趁混合料未冷却立即处理。

③接缝碾压先用双驱双振压路机斜向碾压，伸进新铺混合料 5~8 m，至压完全宽，再改为纵向碾压。

8) 施工中的其他注意事项

(1) 路表温度低于 50 ℃时方可开放交通。

(2) 注意天气预报，加强工地同沥青拌合场之间的联系。运输车和施工现场配备有防雨的苫布，并做好路肩的排水设施。

(3) 当遇雨或下层潮湿时，不得摊铺沥青混合料，对未经压实即遇雨的沥青混合料，必须全部清除，更换新料。

(七) 培土路肩施工方法

(1) 为防止路肩土反复污染路面，路肩土将随上基层之后施工。

(2) 施工前按图纸逐桩测量其施工标高及应有宽度，当不符合图纸规定时，应进行修整。培土路肩分层填筑，层面平整。路基边坡整修符合图纸要求。土路肩横坡符合规定。

(3) 在进行路肩填土加固的施工作业时，采取一定的措施，避免污染上基层或下面层路面。

(4) 培土路肩的同时进行填筑路肩砂砾透水层施工。

(5) 路肩边缘顺直，无其他堆积物，路肩无阻水现象。

(6) 每车装土不能过多，以减少人工清理余土和外观整形的时间。

(7) 对于路缘石和路面局部被污染的地方，要用人工仔细清除干净，必要时用水刷洗。

(八) 路缘石施工方法

(1) 施工时要用全站仪确定位置，用水准仪确定顶部高程。

(2) 用钢丝绳挂线确定顶部高程位置，纵向控制高程的支撑钢筋间距为 5 m。

(3) 缘石底部砂浆或 C15 细粒混凝土铺筑时，先对其底部进行清扫，干净后洒水湿润。

(4) 基层施工结束并达到养生期后进行缘石砌筑。

(5) 坐浆安装，并安装牢固、顺直，控制路缘石块体间相对高差不超过允许误差；顶面平整，直线顺直，曲线圆顺。路肩侧排水碎石要先投放，不得后填塞。

(6) 基础和后背填料夯击密实，缘石间的空隙用 M10 砂浆勾缝。

(7) 施工过程中随时用水准仪控制安装高程。

(8) 路缘石施工结束后立即进行苫盖并洒水养生。

(九) 排水和防护施工方法

(1) 边沟挖基时不得超挖,土质表面用人工仔细夯实平整,铺设砂砾垫层后方可砌筑片石。砌筑前每一块片石均应用干净的水冲洗干净并使其彻底饱和,垫层也应适量洒水使其湿润。

(2) 安砌时应选取形状及尺寸较为合适的砌块,尖锐凸出部分要敲除,竖缝较宽时,在砂浆中塞以小石块,不得在石块下面用高于砂浆砌缝的小石片支垫。

(3) 砌筑上层砌块时,避免振动下层砌块,砌筑工作中断后恢复砌筑时,已砌筑的砌层表面清扫干净并洒水湿润。

(4) 所有砌石必须坐浆砌筑,严禁灌浆,以免在片石间出现空隙。

(5) 砌体外面可勾平缝,缝宽为 2 cm 左右,表面要压浆。勾缝前将缝内砂浆用压缝勾将缝内松散砂浆勾除并清理干净,洒水湿润后再进行勾缝作业。

(6) 砌块安放稳固,砌块间砂浆饱满、粘结牢固,不得直接贴靠,砌筑时底浆饱满。

(7) 砌体外露面平整,不得出现明显凹凸。

(8) 砌体施工完成后,立即用草帘苫盖并洒水养生,防止勾缝出现断裂,养生时间不得少于 3 天。

五、各分项工程的施工顺序

本工程在施工中突出抓住重点、难点项目。根据现场实际情况,制定先进的施工工艺,合理编排工序,运用科学的管理手段和网络技术,组织多工序平行作业,确保按计划工期完工。具体施工顺序安排如图 6-4 所示。

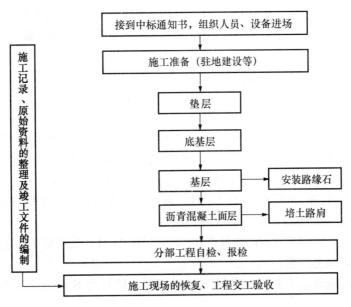

图 6-4 分项工程施工顺序

六、施工进度计划

根据业主要求，本工程计划完工日期为 2007 年 8 月 1 日。总体形象进度图（横线图）和分项工程进度率计划图（斜线图）分别如图 6-5 和图 6-6 所示。针对 08 合同段的剩余工程量情况，经过细致分析，初步制订如下施工生产作业计划。

计划工期：2007 年 4 月 15 日至 2007 年 7 月 30 日，日历日 107 天。

（1）基点复测：2007 年 4 月 1 日至 2007 年 4 月 5 日。

（2）砂砾垫层施工：2007 年 4 月 15 日至 2007 年 4 月 25 日，有效工作日 7 天，总计剩余 4 217 m^3，平均日进度为 602 m^3，即全幅 164 m/d。施工桩号为 K977+710～K979+860，施工流水方向为 K979+860→K977+710。

（3）厂拌二灰砂土下基层施工：桩号为 K967+710～K967+820（110 m，左幅），K968+677～K969+620（943 m，左幅），K977+400～K978+860（1 460 m，左幅），K967+000～K972+500（5 500 m，右幅），K972+900～K973+300（400 m，右幅），K977+400～K978+860（1 460 m，右幅），K982+900～K983+280（380 m，右幅）。单幅累计全长 10 253 m。

2007 年 4 月 20 日至 2007 年 5 月 5 日，有效工作日 13 天，平均日进度为 7 918 m^2，折合单幅 788 m/d，日拌和量 2 775 t。

（4）厂拌二灰稳定碎石上基层施工：桩号为 K967+710～K967+830（120 m，左幅），K968+677～K969+620P（943 m，左幅），K977+400～K978+860（1 460 m，左幅），K967+000～K972+500（5 500 m，右幅），K972+900～K973+300（400 m，右幅），K977+400～K978+860（1 460 m，右幅），K982+900～K983+280（380 m，右幅）。单幅累计长度为 10 263 m。

2007 年 5 月 6 日至 2007 年 5 月 31 日，有效工作日 21 天。因为基层基本厚度为 30 cm，施工时按两层进行铺筑和压实。平均日进度为 6 731 m^2，折合单层单幅 488 m/d，日拌和量 4 557 t。

（5）透层施工：2007 年 5 月 15 日至 2007 年 6 月 5 日。施工作业面为 1 个，随基层施工灵活安排。

（6）普通沥青中粒式沥青混凝土（AC-20）施工：桩号为 K967+700～K967+840（140 m，左幅），K968+640～K969+640（1 000 m，左幅），K977+400～K978+860（1 460 m，左幅），K982+500～K982+700（200 m，左幅），K983+380～K983+650（270 m，左幅），K967+000～K983+650（16 650 m，右幅）。单幅累计长度为 19 720 m。

2007 年 6 月 1 日至 2007 年 6 月 25 日，有效工作日 21 天，平均日进度为 10 972 m^2（即 1 552 t），折合单幅 939 m/d。

（7）黏层施工：2007 年 6 月 26 日至 2007 年 7 月 25 日，黏层施工在上面层施工前 2 天开始进行（随上面层施工进行）。

（8）沥青玛琦脂碎石表面层（SMA-13）施工：桩号为 K967+700 至 K983+650（全幅）。

2007 年 6 月 26 日至 2007 年 7 月 30 日，有效工作日 32 天，平均日进度 11 562 m^2（即 1 125 t），折合单幅 1 041 m/d。

（9）安装路缘石：2007 年 5 月 10 日至 2007 年 6 月 15 日，有效工作日 28 天，日进度为

1 094 延米。

(10) 培土路肩：2007年4月20日至2007年7月20日，随结构层的施工进行。

(11) 排水及防护：2007年6月26日至2007年7月20日，有效工作日16天，平均日进度为 39.5 m³。

(12) 收费站白色路面：2007年5月20日至2007年6月15日，有效工作日20天，平均日进度为 43.575 m³。

七、资源需要量计划

根据本合同段提供的工程数量及工期安排，提出具体使用计划。
(1) 主要的材料试验、测量、质检仪器设备见表6-7。
(2) 拟投入本合同工程的主要施工机械见表6-8。

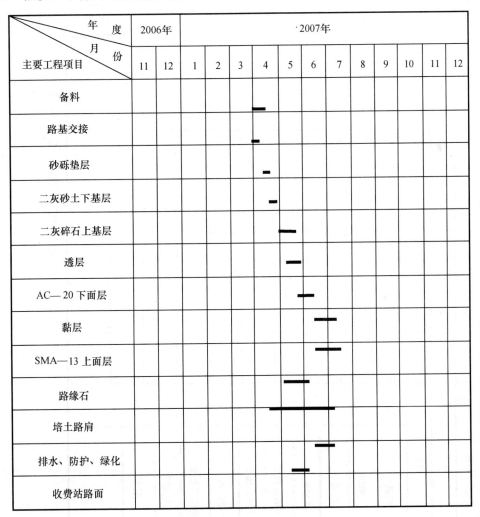

图 6-5 施工总体形象进度图（横线图）

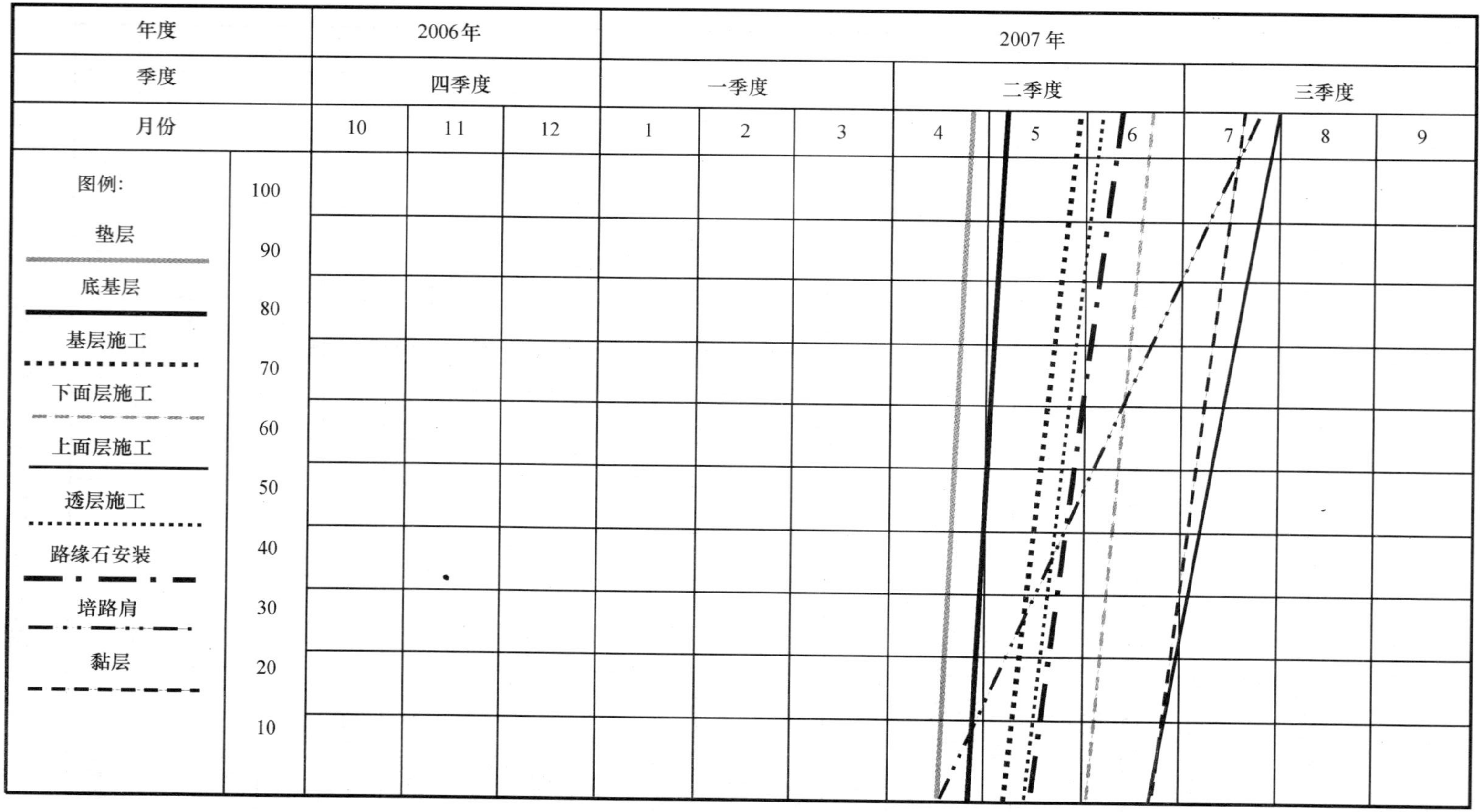

图6-6 分项工程进度率计划图（斜率图）

表 6-7 主要的材料试验、测量、质检仪器设备

序号	仪器设备名称	规格型号	单位	数量	备注
1	马歇尔稳定度测定仪	EP－31133	台	1	已进场
2	恒温双数显低温延度仪	XY－1.5B	台	1	已进场
3	数显全自动软化点仪	DF－40	台	1	已进场
4	智能数显针入度仪	SLZ－1	台	1	已进场
5	沥青旋转式薄膜烘箱	85	台	1	已进场
6	标准恒温水浴	GF－A	台	1	已进场
7	自动沥青混凝土拌合机	HJB－Ⅲ	台	1	已进场
8	数控马歇尔击实仪	LD－Ⅱ	台	1	已进场
9	路面材料强度试验机	3－100hn.LD121	台	1	已进场
10	静水力学天平	ST－5	台	1	已进场
11	电动摇筛机	661－1B	台	1	已进场
12	灌砂法容重仪		套	1	已进场
13	砂当量试验仪		套	1	已进场
14	电热鼓风干燥机	101－2	台	1	已进场
15	方孔筛		套	2	已进场
16	压力试验机	YZ－2000D	台	1	已进场
17	电动脱模机		台	1	已进场
18	钻孔取芯机	HZ－15	台	1	已进场
19	自动弯沉仪	5.4 m	台	1	已进场
20	全站仪	索加	台	1	已进场
21	水准仪	NA828	台	4	已进场
22	标准击实仪	GBJ 123－1988	台	1	已进场
23	数显混凝土标准养护箱		台	1	已进场
24	混凝土抗压试模	15 cm×15 cm×15 cm	套	1	已进场
25	砂浆试模	7.07 cm×7.07 cm×7.07 cm	套	1	已进场
26	混凝土抗折试模	15 cm×15 cm×55 cm	套	1	已进场
27	标准养护室控制设备		套	1	已进场
28	游标卡尺		个	1	已进场
29	电子天平	0.1 g	台	1	已进场
30	天平	1 g	台	2	已进场
31	台称		台	1	已进场

表 6-8 拟投入本合同工程的主要施工机械

机械名称	规格型号	额定功率/kW,容量/m³或吨位/t	厂牌及出厂时间	数量/台 小计	其中 拥有	其中 新购	其中 租赁	新旧程度/%
稳定土拌合站	WCB-500	500 t/h	西安/2005	2	2			90
摊铺机	ABG423	12.5 m	德国/2004	1	1			90
摊铺机	RP751		徐工/2006	2	2			90
压路机	18~21 t		徐工/2004	3	3			90
振动压路机	XSM220		徐工/2004	2	2			100
振动压路机	CD30		徐工/2004	2	2			90
胶轮压路机	YL16		洛阳/2005	1	1			90
胶轮压路机	YL25		洛阳/2005	1	1			90
洒水车	CA141	8 t	北京/2004	4	4			90
装载机	ZL50	3.0 m³	徐州/2005	3	3			90
装载机	ZL50	3.0 m³	徐州/2004	3	3			95
装载机	ZL50	3.0 m³	厦工/2005	2	2			95
装载机	ZL50	3.0 m³	厦工/2004	1	1			90
推土机	T170-1	125.63 kW	俄罗斯/2004	1	1			90
推土机	TY120	88.2 kW	沈阳/2005	2	2			90
挖掘机	HD-800	1.0 m³	日本小松/2004	2	2			95
自卸车		15 t	长春/2005	40	40			90
发电机		120 kW	黄山/2004	1	1			95
发电机		50 kW	黄山/2004	1	1			95
沥青洒布车		6 000 L	长春/2005	1	1			95
空压机	VY12	12 m³/min	柳工/2005	2	2			95
电子地秤			北京/2005	1	1			90
自动找平平地机	PY180		天津/2004	2	2			90
振捣梁			无锡/2005	1	1			90
提浆棍			无锡/2005	1	1			90
平板振捣器			无锡/2005	5	5			90

八、质量、工期、安全及其他技术组织措施

(一) 质量保证措施

1. 组织、管理措施

(1) 建立健全质量保证体系。建立以项目经理为施工质量第一责任人的质量管理组织机构——全面质量管理领导小组,下设质检职能机构——质检部,质检部内配有专业技术职称的专职质检工程师。各项目工程队成立质量自检小组,由队长和技术主管任正、副组长,安排技术人员担任质检员,把住现场自检关。

(2) 搞好分工负责。在质量管理上,项目经理统管全盘,全面负责现场施工,其他领导成员按照工程结构和分类进行分工,实行领导干部分段、分片质量管理责任制。

(3) 质量目标责任制。根据工程项目的标准要求,确定项目经理的质量目标,并将此目标分解,具体落实到各部门的工作中,同时制定各级人员质量责任制,将个人的工作报酬与其所承担的质量责任目标挂钩,从而保证质量目标的贯彻实施。

(4) 质量分析会制度。在对施工质量进行数量统计分析的基础上,根据质量的波动情况、存在的问题,由项目经理部总工主持召开分析会,对其进行质量分析,找出原因,制定措施,对实施结果进行反馈,从而提高工程质量。

2. 思想教育措施

对全员实施全过程的形势教育、全面质量管理思想和创优思想教育,提高全员质量意识,使全员明确目标,牢固树立"质量在我心中,创优在我手中"的思想。

(1) 教育全员要认清当前狠抓质量和建筑市场激烈竞争的形势,深刻理解质量、效益、进度之间的关系,明确质量就是生命、质量就是效益、质量就是信誉、质量就是发展、质量就是企业实力的最好证明。

(2) 对全员进行 TQC 教育,使全员了解 TQC 活动的基本知识,建立"以预防为主、防检结合、为用户服务、用数据说话"的观念。

(3) 对全员进行规章制度教育,开展丰富多彩的竞赛活动,定期召开现场会,抓样板、树典型,及时总结推广先进经验。

(4) 思想教育要做到有面、有层次、有内容、有效果、有检查、有记录。

3. 技术保证措施

(1) 测量放样。采用全站仪进行施工放样,做到四个复核:水准点、控制点复核,计算复核,图纸复核,放样复核。

(2) 路面工程。

①采用信息化施工技术,按三阶段、四区段、八流程组织施工。严格按试验段确定的工艺参数进行施工,对路基顶面处理、分层厚度、碾压遍数、摊铺方法、材料含水量进行重点控制,把好"三度",即平整度、路拱度和压实度。

②确立可靠的检测方法,建立严密的检测制度。

③把好砂砾、石灰、水泥、碎石、沥青等的材料关,坚决做到不合格材料不验收、不使用。

4. 施工保证措施

(1) 在施工中实施全过程的质量监控,推行高标准的质量管理,严格各工序技术要求,狠抓原材料和工艺双控制,做到程序化、标准化、规范化作业。

(2) 严格工序控制,施工中严格执行"五不施工"制度,即施工桩号不清不施工、无技术交底不施工、无复测资料不施工、无质检工程师签证不施工、无监理批复不施工。

(3) 严格执行"三检"制度,即工序自检、监理检验、交工互检,不经三检合格不得转入下道工序施工,使工程质量在施工全过程都处于受控状态,以确保道道工序规范,施工全过程创优。

(4) 严格质量验收。在日常检查或月份验工计价时,对存在个别缺点和不足的工程,限期改正。对不符合内控标准,影响创优的工程,坚持推倒重来,并追究责任人的责任。

(二) 工期保证措施

1. 组织保证

(1) 按照本工程的特点,组建"精干、高效、权威",有丰富施工经验的项目经理部,并授权项目经理部全权代表公司组织、管理和实施本项目,经理部有权调动所有人员、物资、资金、机械设备,以满足施工组织中工期的需要。

(2) 建立完善的生产调度指挥系统,全面及时反馈影响施工进度的各种问题,加强对工程交叉和施工干扰的指挥与协调,对影响工期的重大关键问题超前研究,制定措施,及时配置或调整人、财、物、机,保证工程的连续性和均衡性。

(3) 加强对本项目全体参战员工的思想动员和教育,并进行安全知识培训,使之增强安全生产意识,确保工期顺利完成。

2. 制度保证

(1) 建立健全工期保证岗位责任制,层层签订工期包保责任状。

(2) 建立生产计划考核制度,编制周密、详尽的施工生产计划,以日保旬,以旬保月,每季对各项目队生产计划的完成情况进行考核。

(3) 实行工期奖惩制度。实行计件工资、承包工资,把员工的工资收入与计划完成情况挂钩,以充分发挥参战员工的积极性与主动性。

(4) 在各参战队伍之间开展"安全标准工地建设",每月评比一次,对优胜者颁发流动红旗并给予物质奖励,以营造比、学、赶、帮的良好氛围。

(5) 建立工期进度定期检查制,每周一次,并形成例会,专门研究解决施工中的各项问题。

3. 技术保证

(1) 以投标文件的施工组织设计为依据,根据现场实际情况和建设单位的安排,进一步优化和调整实施性施工组织设计,为实现工期目标提供更加科学、合理和有序的施工组织方案。

(2) 合理编制路面工程施工方案。同时按照工程需要对施工机械设备进行调剂,满足施工生产的正常需要。

(3) 根据本投标文件确定的网络施工计划,编制分季和分月进度计划安排,并制定完成计划的各项具体措施。

(4) 加强技术管理的力度,以适应施工进度的需要。已经确定的技术问题,及时通知施工工长和施工班组；临时性的修改，要立即制定相应的技术处理措施；对可能影响质量和进度的问题，要向设计、甲方及早提出，尽量避免事后处理。

（5）在不影响结构安全和建筑使用功能，不增加甲方投资的原则下，根据工期要求和实际施工情况，会同设计、甲方一道，采取灵活、可靠的技术措施，及时解决施工中的各种技术问题。

（6）编制施工进度计划时要综合考虑各方面的因素，努力做到紧凑、严密、预见性强、实用性强，从而增强施工组织管理的科学性，使施工安排紧张有序，忙而不乱。

（7）配备程控电话、移动电话、对讲机等通信设施，以便联系和指挥协调。

（8）经常与气象部门取得联系，掌握天气情况，合理组织工程或工序施工，尽量避免恶劣天气对施工造成影响和损失。

4. 设备物资保证

（1）积极推广应用"四新"技术，进行施工机械的选型配套。

（2）配足挖、装、运、推平、碾压机械设备，同时做好设备的使用、保养、维修工作，备足常用易损配件，保证各种设备的正常运转，提高利用率。

（3）抓好材料的采购、储备和供应工作。成立专门的材料厂，负责本项目物资设备的采购供应，做到渠道畅通、质量优良、供应及时，以满足施工生产需要。

（4）建立健全自购材料采购渠道，保证施工的顺利进行。

5. 后勤保证

搞好路地关系，加强与地方政府和当地群众的联系，取得政府和群众对公路工程建设的理解和支持，配合建设单位搞好征地拆迁工作，不留后遗症，为施工创造一个良好的外部环境，保证施工顺利进行。

搞好后勤保障工作，关心员工生活，尽力做好生活物资的供应，开展有益于员工身心健康的工地文化娱乐活动，使参战员工以饱满的热情投入到工作中去。

（三）安全保证措施

1. 思想教育保证

经常化、制度化地对全体员工进行安全思想教育，组织全体员工认真学习安规、技规。在员工心中树立起"安全生产第一""生产必须安全"的高度安全意识。开工前，组织施工安全培训班，取得结业证后方按规定持证上岗。对其他特种作业人员，也需经培训合格后才持证上岗；对新员工必须进行队部和班组二级安全教育和培训；通过安全竞赛、现场安全标语、图片等宣传形式，增强全员安全生产意识和自觉性，注意安全、珍惜生命，把安全生产工作落到实处。

2. 组织保证

按照安全管理组织机构配齐、配强本项目安全管理的各级机构或部门的工作人员，明确其安全工作职责范围，将施工经验丰富、安全意识强的人员充实到安全管理的各级机构和部门。项目的各级第一管理者是安全管理的责任人，以确保安全管理工作的领导权威。

3. 工作保证

（1）施工准备阶段。制定安全技术措施，在下达月份生产计划的同时下达安全计划及保证措施；配置与工点（工序）相适应的机械设备，杜绝因机械设备不符合工程特点而造成的安全事故；根据工程特点编制有针对性的安全防护措施；组织作业人员进行安全措施及防护方案等技术交底。

（2）施工过程阶段。操作人员必须熟悉、清楚，并严格遵守所从事施工项目的安全设计、安全技术措施及工艺流程安全注意事项；指挥部、施工队、分期分批地组织安全生产大检查，监督和保证安全操作规程及安全技术措施能够顺利执行；坚持周一安全活动、班前讲话和安全交接班制度，充分发挥党、团员安全监督岗的积极作用；实行安全否决制，杜绝违章指挥和违章作业；开展"安全标准工地"活动，以此为载体把经常性的安全教育、管理和控制统一起来，落实安全技术和防护措施，确保按章操作，保障生产安全。

（3）竣工收尾阶段。总结施工过程中的安全生产经验，对于好的经验措施和办法在下一项目中推广；找出施工过程中的安全管理薄弱环节和安全事故的原因，改进或制定更具有针对性的措施，在下一项目中运用。

4. 制度保证

根据国家安全法律法规，结合建设单位关于确保施工安全的有关规定，制定相应的安全生产管理制度，在施工全过程认真贯彻执行，即施工申报审批制度、安全生产责任制、安全生产教育制度、安全技术交底制度、安全生产检查制度、安全事故报告和处理制度、安全设计制度、安全标准工地建设制度、安全生产奖惩制度、周一安全活动制度、班前安全讲话制度、安全交接班制度、安全操作挂牌制度。

特别是严格执行施工申报审批制度。在施工进点后，立即与设备管理单位签订施工安全协议书，参加每月的施工协调会。同时，精心组织施工，尽量减少对运输的影响，确保施工的安全。

建立安全事故报告和处理制度。当发生安全事故时，及时向建设指挥部和上级主管部门报告，不谎报、不隐瞒，并积极组织人力、物力采取措施进行补救处理。建立完善的安全生产奖惩制度。本项目工程施工前，指挥部拟定安全生产奖惩办法，并与下属各级单位签订安全生产奖惩协议。

（四）其他技术组织措施

1. 环保措施

本标段进场后做好全面规划，对环保工作综合治理，并与地方环保部门取得联系，按环保规定，做好施工现场的环境保护工作，具体措施如下：

（1）成立环保小组，制定环保项目，采取环保措施，项目部、施工队分级管理，负责检查、监督各项环保工作的落实。

（2）对职工进行环保知识教育，使人人心中都明确环保工作的重大意义，积极主动地参与环保工作，自觉遵守环保的各项规章制度，树立人与自然和谐共处的思想。

（3）在施工中，不得乱占山野田地，乱伐树木，破坏自然生态；要严格按照设计要求，在指定范围内取、弃土，不得擅自行施，以保护植被。施工完成后尽快恢复土地，还田于民，促成原貌。

（4）控制扬尘：对施工场地进行定期洒水，以减少起尘。易于引起粉尘的细料或散料应予遮盖或适当洒水，运输时应用帆布、盖套及类似物品遮盖。

（5）噪声：在居民区附近，除非经监理工程师批准，夜间不安排噪声很大的机械施工，若施工，则对施工机械和施工作业予以控制。施工运输及交通运输车辆车况要保持正常，并安装有效的消音器。

（6）废弃物：对施工及生活中的垃圾要统一及时处理，堆放在指定地点，严禁乱扔乱弃，避免阻塞河流和污染水源。

（7）排水：施工及生活中的污水或废水，要集中沉淀处理，经检验符合标准后，才能排放到河流或沟溪中。不准将含有污染物质或可见悬浮物质的水直接排进河流、水道或现有的灌溉系统中。

2. 文明施工措施

在文明施工方面，认真执行国家的有关法律法规，有效利用时间和空间，科学组织施工，实现人、物、场等在时间和空间上的优化组合，保证良好的施工现场环境，做到工完、料净、场地清。在施工过程中，加强施工人员的技术培训及思想道德教育，做好思想政治工作，定期进行党员学习，开展五学活动，定期召开安全会议，使职工充分认识到安全为了生产，生产必须安全，同时对在文明施工过程中表现良好的个人给予一定的物质补助。

3. 廉政建设措施

我公司在抓质量、抓生产的同时，将廉政建设放在精神文明建设的突破口，摆在议事日程的首位，紧抓不放。

本项目在施工中建立廉政建设领导小组，对其中的具体工作进行监督、指导。领导小组组织如下：

组长：项目经理。

副组长：总工程师。

监督：项目副经理。

成员：综合办公室主任、工程技术科长、计划合同科长、材料设备科长、财务科长。

为了优质、高效地完成业主交给的施工任务，拟建立党风廉政建设和反腐败工作任务分解制度，组织全体项目部员工认真学习并严格遵守党和国家有关法律及交通部的有关规定，自觉按合同办事。项目部领导亲自过问、亲自抓，时刻把反腐倡廉、廉洁自律当作一项严肃的政治任务，以发动群众监督为手段，坚持公开、公正、诚信、透明的原则，以不损害国家和集体利益、不违反工程建设管理规章制度为前提，通过身边事教育身边人，提高广大干部、职工的思想觉悟，增强拒腐防变能力，达到廉政建设的目的。

参 考 文 献

[1] 中华人民共和国行业标准．公路基本建设项目设计文件编制办法［S］．北京：人民交通出版社，2007．

[2] 中华人民共和国交通运输部．公路工程标准施工招标文件（2009年版）［S］．北京：人民交通出版社，2009．

[3] 中华人民共和国行业标准．JTG/T B06-02－2007公路工程预算定额［S］．北京：人民交通出版社，2007．

[4] 全国一级建造师执业资格考试用书编写委员会．公路工程管理与实务［M］．北京：中国建筑工业出版社，2007．

[5] 高峰，贾玉辉．公路施工组织设计［M］．北京：人民交通出版社，2007．

[6] 余群航．建筑工程施工组织与管理［M］．北京：北京大学出版社，2006．

[7] 王洪江，符长青．公路工程施工组织设计编制手册［M］．北京：人民交通出版社，2005．

[8] 魏道升．路桥施工组织设计范例［M］．北京：人民交通出版社，2008．

[9] 高峰，张求书．公路工程施工组织［M］．北京：北京理工大学出版社，2015．